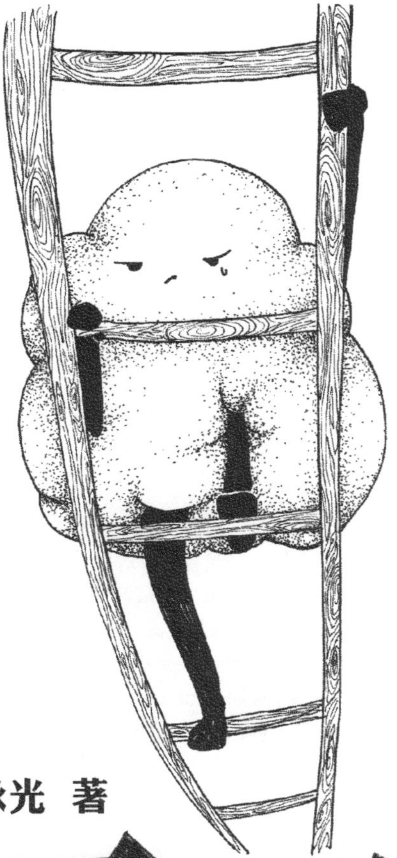

伍詠光 著

勇敢做吧

勇敢做自己

作者／伍詠光
策劃編輯／伍詠慈
美術設計／鄺穎殷
出版發行／突破出版社
香港沙田亞公角山路33號突破青年村
電話：2632 0000　傳真：2632 0388
電郵：breakthrough@breakthrough.org.hk
網址：http://www.breakthrough.org.hk
http://www.btproduct.com
承印／海洋印務
2016年4月初版1刷
2025年2月初版5刷

Authentic Self

by Ng Wing-kwong, Ringo
First Printing, First Edition, April 2016
Fifth Printing, First Edition, February 2025

Printed in Hong Kong
ISBN 978-988-8246-97-7

本書經文取自《新標點和合本》，版權為香港聖經公會所有，承蒙允准採用，特此鳴謝。

誠邀閣下就突破出版社的書籍發表意見

歡迎加入突破出版社 Facebook page — http://www.facebook.com/btbooks.page

本書採用環保油墨印刷

生　活　與　輔　導

關懷、連繫、復和、

溝通、對話……

凝視心之脈動，

直到重新尋獲自己的心。

目錄

袁天佑序

伍詠光弟兄邀請我為本書寫序。他邀請我，可能是由於我在過去三十多年的日子，擔任教會牧師，牧養過不少青少年，陪伴他們成長，明白他們的經歷。

在人生不同階段，從幼兒、青少年、成年到老年，都會經歷「做自己」的掙扎。

我有一個歲半的孫女，她很好動，整日都不能停下來。我很擔心她可能過度活躍。她當然不知道什麼是「做自己」，但她就是不愛聽成年人的話停下來。

我生長在一個貧窮的家。幼年時一家七口住在一間不到百呎的板間房。二房東有個獨子，年紀比我們小，因被寵壞而常常欺負我們兄弟妹。但父母教我們忍讓，不要打架。或許是這緣故，塑造了我的內向性格。青少年時甚至成年期，我都不是多言的人。很多時候有意見也不敢向人表白。因恐怕自己説錯，怕人取笑，所以説話時都有一種害羞面紅耳熱的感覺。

即使現在已是長者，那種害羞的感覺也沒有除掉。我退休後每星期都去學日文。同學都是十多二十歲的年輕小夥子，老師也是三十歲左右，我的年齡是他們的兩倍或三倍多。年長了學習很慢，常常記不住生字，日文的對話很快，我也不太聽懂，所以要用日文對話時，多數都是無法對答，面紅耳熱的感覺都會出現。不過，我留意到其他同學都有這情況，而我又覺得既然我是長者，學習慢是自然的事。我知道我學習的目的，只是不想讓腦袋停下來，也期望有時看得懂一些日文說明書，大概知道其內容。我也喜歡往日本旅行，可以看得懂菜單，知道要吃些什麼而已。當明白自己所要的是什麼，那種窘困的感覺便得以改善。

我當牧師，當然要常常與人談話、教導和宣講，能讓我勝過那種害羞感覺的，當然是因上帝的呼召，讓我知道我要做的，而不是要贏取他人的讚賞。只要盡我的能力，靠着那呼召我的上帝所加給我的力量，努力嘗試做得最好。知道自己表達能力不大好，所以直到如今，每篇講章都會先寫下來。

伍弟兄所寫的這本書，包含了他不少輔導青少年的例子，又加上心理學和輔導學的理論，將什麼是真正「做自己」指明出來。細看時，感覺到他好像將我過去為「做自己」的掙扎描繪出來，所以我深信讀者必能在當中領悟到「做自己」的方向。

青年時我很喜歡唱《青年向上歌》這首詩歌。歌詞是：「我要真誠，莫負人家信任深；我要潔淨，因為有人關心；我要剛強，人間痛苦才能當；我要膽壯，奮鬥才能得勝，我要膽壯，奮鬥才能得勝。我要愛人，愛敵也愛淪落人；我要施贈，心誠，義重，財輕；我要虛懷，不忘我身多弱點；我要向上，學主榜樣助人，我要向上，學主榜樣助人。」

我覺得這詩歌也給予「做自己」一個很清楚的解釋和方向，願與每一個願意「勇敢做自己」的你分享，也祝願大家能得着上帝與人對你的愛。

袁天佑

香港循道衛理聯合教會牧師

2016 年 3 月

自序

自卑不容易被察覺。不純粹因她是個比較深層的狀態，而是一般人很難接受自己竟然自卑！

這本書的原型是個人第一本作品《卑情夠了》(突破：2010年)。2015年拍檔多年的編輯詠慈對我說，這本書可以再版，我真是萬分驚喜。當我再次翻閱這本書，開始修訂工作時，發覺原來的文字真是那麼爛，有些地方連自己都不明白，真想立即挖個洞埋葬自己。

寫作是我喜愛的。在寫作的過程，每次我都有想放棄的念頭。「我的書，誰會買？」「這個主題，別人已經寫到夠了。」「比較別人，我根本沒寫作天分！」的確，我要幾經艱辛跟內心的聲音打仗，極力「説服」自己繼續寫下去。內心的爭戰大於腦震盪。

我回想自己人生很多時候都選擇黯然放棄。一旦遇見失敗就放棄，做出來不及別人又想放棄。過去是個經常半途而廢的人。很多人會欣賞我有多好，但原來覺得自己不好，討厭自己的人，正是自己。

2005 年在神學院修讀輔導是我人生的轉捩點，叫我真正面對自己，面對上帝。又從 2010 到 2015 年，我驚訝自己成長了，也想通更多東西。十年了！

這本書不是我的「研究」結果，是我生命的「掙扎」結果，多年來「想通」的東西。我鍾情「心理動力學派」對人性深層的探索，學派當中有很多體會人性和社羣的心理大師（不只弗洛依德一個！）。遇上其中一位心理大師阿德勒，就借他的理論發揮一下。

我更想感謝兩位賜序及推介文的牧者、弟兄：袁天佑牧師和蔡廉明弟兄，兩位在我心目中都是「勇者」，有勇有謀有仁的人，所以我大膽邀請他們寫序。

生命是無數的「遇見」。這一刻，我感恩遇見了上帝（祂尋找我）、父母親（他們生育我）、妹妹、愛人、好友、良師和我每一位受助者，及促成這本書的夥伴。我感覺被愛，才知道自己重要。

多謝你們。

你的弟兄 Ringo

2015 年 11 月 19 日

不要停止探索	We shall not cease from exploration
直至探索窮盡	and the end of all our exploring
必將回歸起初	will be to arrive where we started
重新初識源頭	and know the place for the first time.

艾略特

(T. S. Eliot, 1888-1965)

生命是一場自我探索，

探索帶領我們找回原本的自己及重回生命的源頭。

我們都在路上，不斷探索，找最寶貴的事物。

導言：做自己，有錯嗎？

近年很多人都高呼要「做自己」，但什麼是「做自己」呢？有說，無厘頭的任性、耍賴、愛幹什麼就幹什麼，叫作「做自己」；自信滿滿、說得出做得到，也叫作「做自己」。但是，也有人質疑：我們生下來就是「做自己」，難道是「做別人」？這個說法似乎很抽象，沒有人有把握明確地說出定義。為什麼？

「做自己」可能是近年最被濫用的片語。有人美其名為「做自己」，事實是自私地硬要別人滿足一己的需要，或者利用個人自由做擋箭牌，為所欲為，甚至把自己封閉在個人的世界或網絡背後，不去面對人羣。

另一極端是，有些人對「做自己」帶着偏見和誤解，覺得這是自我和自私的同義詞。當你說要努力「做自己」時，可能立刻遭周遭的人蔑視、指責，說你任性、標奇立異、「博出位」；使你感覺被限制，感到很壓迫，最後無處容身。這時候，你心中會不斷地問：「我做自己，究竟做錯了什麼？」

每個人都是獨特的，具有獨一無二的特質，單憑「做自己」三個字，實在無法涵蓋所有人的需要和處境。

更重要是，當人選擇「做自己」的時候，往往忘卻了一件重要的事，就是這壓根兒不是自己的事情，同時也關乎周遭的人。

這件事不容易

你也許感到奇怪，「做自己」與人何干？

讓我們先理解什麼是「個人」。個人乃是相對「羣體」而言的，或者說是「關係中」的個人。人生存離不開他人的存在，也無法避開他人的目光和影響（包括助力和阻力）。無可否認，我們活在眾人的視點下，而別人同樣活在我們的視點底下。

如果我們認識這一點，就明白「做自己」殊不簡單。我們不是完全為了滿足別人期望而生存；但也不可能想做什麼就做什麼，任意對別人耍賴、苛索。相反，當認識到我們是羣體中的個人時，便要認識「做自己」是要向自己和別人負責任，包括自我接納和貢獻他人。

不過，有時明白了，反而更難「做自己」。

「做自己」，痛失關係

我行我素的確很瀟灑，事不關己，己不勞心。但我行我素的代價是失去跟他人的真摯連繫。現代城市化加劇了人與人之間的疏離，居住在多層大廈內，不認識鄰居姓甚名誰，只是偶而在電梯中碰面點個頭，有時完全不打招呼。在地鐵或街上，人人只顧盼自己的手機，或者根本留意不到別人，因為你也只是在點手機，彷彿期望儘快掌握朋友的近況。可是，即使看了朋友大量資訊，都只是浮光掠影，以別人的生活為消遣，消費完畢就從腦海記憶中刪除，人與人逐漸減少建立深層次的交往，關係沒法好好地經營。這種我行我素的行為根本是不當地「做自己」，只有「我」，沒有「我們」。

又舉另一個例子，當一個人高呼要「做自己」，要求愛侶事事順他意思，想在對方身上予取予求，毫不設限地討好自己；即使自己無理取鬧，也要對方心甘情願地忍受，最後這個人會得到什麼？只得到一份空洞的遷就，或者是一種獨裁者與臣僕的關係，又或者一段哭哭鬧鬧的關係。他早就背棄了愛的初衷，沒法得着從愛而來的真正滿足。最後他更孤單。

人一心想建立關係，卻又事與願違，人在關係裏要如何「做自己」呢？

千萬不要「做自己」

有一名青年人曾對我說，他們是失去選擇能力的一代，他們一出生，就被擲進一個競爭的世界；從讀書到生活，都由父母和學校安排。他們生來就沒有學習過選擇。今天已經二十多歲，卻未練出選擇的能力。我聽來，內心感覺一份極重的無力感。

究竟是沒有選擇，還是不能選擇呢？在現代資訊社會，不僅面對功利主義崇拜、崩壞的教育評核制度、瘋狂的樓價，或貧富差距愈來愈大；而是由於網路與資訊發達，人可以隨時隨地瞭解他人的情況並與自己比較，例如朋友在 Facebook「放閃」、舊同學打什麼工買什麼房子、哪個富二代約會哪個素女、明星修整過的容貌與身材……只需點擊一下滑鼠，整個社會就活現你眼前，彷彿為你的生活定下一套標準，更替你在這個社會定位。這時候，你開始感覺毛骨悚然，感到周遭有太多目光盯住，令人窒息；結果不敢輕舉妄動，選擇想走的路，像聽到他人的竊竊私語，評頭品足，覺得自己永遠不及別人，對前路無從掌握，自然感到無力。

這情況令很多年輕人對前路感到迷惘，總是徘徊在隨波逐流和忠於自己兩端之間。他們一方面很想忠於自己，可是又怕一旦不「跟大隊」，會「執輸」。

但，真正的「輸」其實是沒有為自己的理想奮鬥。

做自己，不是常識

有些人想「做自己」，又不敢做；有些人自以為「做自己」，又活得不快樂。「做自己」沒錯，只是人經常錯誤地定義。

其實「做自己」是懂得聆聽自己內心的聲音，以肯定和信心擁抱個人的強弱，也因着有肯定和信心，所以有能力「為他人設想」，與人建立關係。故此，做自己不是搞個人主義，而是與人有真摯的連結，能夠彼此幫助和建立。

這本書特別寫給一些有個人目標和思考，但又懷疑和猶豫是否可以這樣做的人，讓他們知道什麼才是真正的「做自己」。

勇氣，從心出發

從心理角度去看，一個人不能「做自己」，是因為心靈的最底層，感到恐懼，終日惶恐。有些恐懼是可以名狀的，也有些是不可名狀的：怕找不到好工作、怕沒有前途、怕找不到男友女友、怕別人的看法、怕別人的評語等。所以，「做自己」需要勇氣。

勇氣是什麼？勇氣英文是 courage，拉丁文的字根是 cor，即「心」。勇氣，是關乎「心」的事。但有一件弔詭的事，人不能使自己勇敢，因為勇氣是源自別人的鼓勵。鼓勵，就是 en-courage。En 的意思是「在裏面」。人之所以有勇氣「做自己」，是因活在人羣裏面，人與人以心相連，才能成就真正的鼓勵。例如，你試過在賽跑比賽時跑得上氣不接下氣，甚至想放棄，但因得到別人打氣鼓勵，給你力量完成賽事？這就是鼓勵吧！

這本書名為《勇敢做自己》，目的不是鼓動讀者拍拍心口，想做就去做，心口掛個「勇」字衝出去；而是要鼓勵你一面閱讀，一面勇於探索自己內心一向不敢面對的、害怕的部分，最後可以真實地與人與神結連，尋着生命和勇氣的源頭，成為真實的「自己」。

「沒有勇氣又如何？生活都是老樣子！所有人都是這樣吧！沒法改變！」不錯，即使有了勇氣也未必即時改變自己，改變世界。可是，你想自己活得像上了發條的機械玩偶一般，每天只是刻板地活動，即使活着，卻像個沉睡的人；抑或做一個醒着的人，即使環境黑暗，仍懷着等待天亮的盼望呢？

但願這本書能帶給你勇氣放下虛假，活出自己。

關於本書

談到勇氣，不得不提個體心理學思想的創始人阿德勒（Alfred Adler），他的學説被稱為勇氣心理學。他的思考具有時代性，即使面對今天世界和個人的亂局也極有參考價值。同時，他的心理學與基督教信仰有呼應之處，給我們多一個觀點視角。所以，我會先簡介他的主要理論，從中獲得一些啟發。

本書上半部（第 1 至 3 章）追溯人為何因懼怕而不能「做自己」，以及在懼怕之下會有什麼表現。懼怕包含了一個人的內在世界及面對外界和他人的恐懼。希望你辨別恐懼之源。

對於一般人而言，可能上半部足以幫助你前行。可是，如果你感到動力太弱，或者內心的阻礙太大，可能你還需要讀下半部。

下半部（第 4 至 6 章）嘗試解答上半部的疑問。說明人應該以一種怎樣的勇氣去面對內在和外在的衝擊，目標是成為一個成熟又健康的人。當中指出人會受原生家庭影響，致使自己裹足不前，這部分更會討論如何擺脫原生家庭的不良影響。

第 7 章也是最重要的部分，單靠人自身的努力，到底不能獲得真正和永恆的勇敢，乃要靠主耶穌基督的接納和拯救。這才是最核心的生存勇氣。無論你是基督徒與否，也不能錯過。

由腦袋到心坎是個很遙遠的距離，所以讀通一本書，不代表可以活得出來。閱讀可以增加頭腦的知識（head knowledge），但我們更需要心的領會（heart knowledge）。盼望你細心咀嚼，用心享受，領略生命對你說什麼，給你力量和勇氣前行，活得真實、真誠。

我會如此為每一位讀者祈禱。

男

1

鼓舞勇氣的阿德勒

阿德勒，全名阿爾弗雷德．阿德勒（Alfred Adler, 1870-1937）。雖然他在心理學的歷史上舉足輕重，但因心理學之父弗洛依德（Sigmund Freud）的聲名實在太響，阿德勒的洞見和才華就似乎被淹沒了。

不過歷史沒有忘記阿德勒。他不但是認知取向、存在取向、人本取向和正向心理學的先驅，他的學說更影響了「需求層次（金字塔）理論」的馬斯洛（Abraham Maslow）、人本心理學家並輔導界之父卡爾．羅哲斯（Carl Rogers）、《人性的弱點》（*How to Win Friends and Influence People*）的著名作家並社會教育家戴爾．卡內基（Dale Carnegie）、《與成功有約》（*The 7 Habits of Highly Effective People*）的作者史蒂芬．柯維（Stephen Covey）等，甚至連弗洛依德學派的卡倫．霍妮（Karen Horney）、佛洛姆（Erich Fromm）等人都明顯地受到他的影響。近年日本和台灣也掀起一股阿德勒熱潮，出版了不少應用阿德勒心理學於人際關係、親子關係、職場和個人成長的書籍。

矮小的巨人

阿德勒是猶太裔，於 1870 年在維也納郊區出生。童年的他身體虛弱，因患有軟骨病而導致有點駝背，而且個子不高，只有 154 厘米。在七個兄弟姊妹間排行第三的阿德勒，常常都活在比他大一歲半，相貌英俊又身材高大的哥哥的陰影下，漸漸形成一種自卑心態。

但是他克服了身體的障礙和內心的自卑感，發奮向學，成績愈來愈好，25 歲便考獲醫學博士學位，曾任眼科和內科，最後轉任精神科醫師。

青年時，他已經喜歡讀弗洛依德的學說，熟讀了他的《夢的解析》（*The Interpretation of Dreams*），並於 1902 年寫了一篇分析《夢的解析》的文章，引起弗洛依德的注意和賞識。不久，弗洛依德邀請阿德勒加入由他主持的「星期三精神分析協會」。而阿德勒的加入的確大大深化了精神分析學説。1910 年，阿德勒成為著名的維也納心理分析協會第二任主席，繼承弗洛依德的位置。你看他的聲名何等響噹噹。

可是，阿德勒對弗洛依德的觀點並不是照單全收，沒有保留。他不太贊成弗洛依德對性的看法和夢的分析方法。1907 年，他發表了一篇文章叫〈器官缺陷及其心理補償的研究〉（*Study of Organ Inferiority and Its Psychical Compensation*），標誌着他跟弗洛依德的分歧白熱化。1911 年，弗洛依德與阿德勒的分歧公開了。弗洛依德致信《心理分析學刊》（*Psychoanalytic Journal*）的發行人，要求把學刊封底阿德勒的名字除掉，否則就把自己的名字去掉。於是，阿德勒帶同九個同伴離開了心理分析學會，正式跟弗洛依德分道揚鑣。於是，他另組一個自由心理學會，發展他的「個體心理學」（Individual Psychology）。

1912 年，阿德勒發表論文〈神經質性格〉（*The Neurotic Character*），推出自己的學說和主要概念，奠定個體心理學派的基礎。第一次世界大戰期間，他擔任奧國軍隊軍醫，戰後對兒童輔導產生興趣。1926 年將個體心理學介紹到美國，1927 年出版《個體心理學的理論與實際》（*The Practice and Theory of Individual Psychology*），可以說是阿德勒人格學說的概述。1935 年定居美國，並開業為精神科醫師。

1937 年，阿德勒因為工作過勞心臟病發，在往蘇格蘭的阿伯丁大學講學前逝世，享年 67 歲。他的早逝或許使他的影響力不及 83 歲的弗洛依德吧！

個體心理學

他的主要理論稱為「個體心理學」。「個體」（individual）以字源的意義來說，即一個「整體」的意思。例如，他認為精神和身體、理性和感性都是無法分割。而且，有意識和無意識兩者都不可能分割的。他將心理學推進到一個新的層次，將心靈、思想和身體連結在一起，看整個人是一個整體，互相關聯。今天我們看似平常，但在當時卻是劃時代的。

雖然他的學說稱為「個體」，但實在是一套「社會」心理學，強調要將個體延伸和擴大，及至創造社會感和社會意識。

這學說當然不能三言兩語介紹。我嘗試將他的理論歸納為以下幾點，因為這幾點特別關乎人與自己、與他人的關係，影響人的自我評價和行為。這些觀點將會在下文應用和加以解說 ——

人是關係性的存有：生命的意義在於合作、關懷和貢獻他人，以致獲取歸屬感。

人是完整的個體：人的認知感受和行為是合一的；生命的各層面也不可分割（如家庭、愛情、社羣），互相影響。

身體與心靈不可分割：兩者都是生活的表現，是整體性的；心靈支配着肉體，為肉體訂下了動作的目標，決定了行動的方向。

人是獨特性和統一性的：人的思想、價值、動機、行為都是由他的生活目標決定的，每個人都有自己的風格，是獨特的，也是一致的。例如，他不相信可以將所有人硬生生地塞入同一套規範之中。

生命具有動向（movement）：人天生具有創造性和改造能力，可以克服補償缺陷和追求美善的目標。

一切行動都有目的：人的行動並非受過去的原因驅使，而是着眼於未來的目標，同時伴隨着特定目的。

一切行動都有對象：人所有行動，都因「認知有他人存在」的人際關係。

社會意識：人際關係的終極目標是社會意識。社會意識是指人在家庭、地區、職場等等這一些共同體中的歸屬感、同理心、信任感和貢獻感。他關心的是，人看別人應該是「夥伴而不是敵人」，而且找到「有自己的歸屬地方」。

阿德勒思想的起點是自卑感，從自卑感發展出許多有關人的行為與思維，致使人無法克服內心的恐懼。因此，阿德勒使用人與自己、與他人的關係，建造一套稱為「社羣意識」的觀念，目的是增強人的生活勇氣。正是這原因，我選了阿德勒的學說寫這本《勇敢做自己》。

以上的講述和介紹比較簡略，當中的細節會在下文闡釋。

2

無法做自己，因為「我」

〓自卑，對自己的無情否定

〓自大，掩飾真實的我

自卑，對自己的無情否定

我曾經邀請過不少人做以下實驗：拿一張紙、一支筆，寫下兩項東西：一項是個人的優點，另一項是缺點。你估計大部分人的反應如何？很多人開始時會儘量發掘自己的優點缺點，努力去寫。不消一會，他們漸漸再難想起自己的優點，反而缺點還是寫之不盡。最後經過點算，大部分人寫出的缺點居然比優點多着呢！

這個實驗反映什麼？可能反映有些人很謙虛，也可能反映有些人很自卑。你也嘗試做這個實驗，看看結果如何，看看你有沒有自卑的特質。

真正的自卑是什麼？**自卑是一種對自己的否定，覺得自己不好。**

自卑的人，正是第一類不能做自己的人。

看看鏡中的自己

自卑有時是一剎那的感覺。例如當你對着鏡子發呆，心想我的體型難看死了，我的鼻子看上去很扁平，我的雙腿似乎向內彎……因想到自己有缺陷，就不敢面對人。

自卑有時是一種思想。例如當你認為身邊每個人都很忙，沒有時間和工夫去理會自己，個人問題對比他人要忙的事，實在輕於鴻毛，最後就漠視和犧牲自己的需要。

然而，對有些人來說，能夠中肯地看自己、評價自己本來就不是一件容易的事。他們經常在不同方面懷疑自己。即使你能夠說出他有什麼優點好處，他就是跟你唱反調，不斷查找自己的不足。這種人當然不易欣賞自己，就算擁有一刻的成功和掌聲，很快就把讚賞丟在背後，只面向自己的不足。

總括來說，自卑就是不信自己是有價值的，不信自己可以被愛、被認同，乃至漠視內裏的需要和渴望，試問這又怎能活出一個真正的自己，確認自己的身分呢？

自卑也不錯

自卑感是阿德勒的核心思想，德文是minderwertigkeitsgefühl。這個字由三部分組成：minder 是較少，wert 是價值，gefühl 是感覺，統合起來，就是「把自己的價值看得很低」。**要給自卑下定義，可以說：自我價值低落，覺得不值得被愛、被認同**。自卑感甚至會削弱一個人對羣體的歸屬感。

不過，阿德勒跟我們對自卑的認知略有不同。一般人覺得自卑是病態的，是羞於對人提起的醜事。但阿德勒卻認為每個人天生就感到自卑，這是人類本性，人自出娘胎，或多或少都有自卑感。他說：「作為一個人，本能地會感到自卑。當初生嬰兒被一羣有能力的成年人包圍時，會感到自己無助又無能。」

自卑對人有什麼作用？**自卑是一種推動力**。成長中，孩子會被自卑感推動，奮力向前。當他達到某一個水平的成就時，又會再次感到自卑，繼而努力補償，不斷前進，例如「因為我的學歷比人低，我更加要比別人努力」、「因為我長得不好看，我更要打扮得更好看」。

自卑也是一種生存力。他說：「每個人都為自己的不足和缺陷，尋求補償或掩飾。」例如一些身體有殘缺的人會自發地「補償」身體和心理的缺陷。

腎病患者因病割去一個腎，另一個腎便會加強運作平衡身體機能；一個雙腿行動不便要輔以輪椅的人，手臂會發育得特別強健。這都是生理上的補償。

心理上，一個慨歎自己生得過高或過矮的人，會發展別的長處以獲取別人注意和重視，正如有人說「矮仔多計」。過程中，能夠成功補償的，可以滿足地生存下去；失敗的，可能會埋怨、為自己找藉口，或者天天發白日夢，想着自己如何成功而不去做。

可見，自卑原本不是一件壞事。

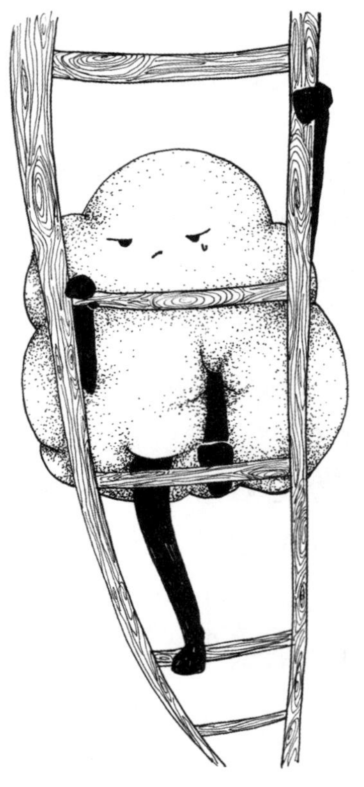

感到自卑然後補償

本來就是人生存的一種方式。

總是不敢愛

自卑的人如何自我否定？

Ceci 總被朋友勸告要多對自己好，因為她一向不敢追求自己感興趣的事物。小時候她想參加學校的舞蹈班，只因覺得自己雙腿生得短，穿起舞衣不好看，最終沒有去報名；中學時，她想報名參加校外的寫作比賽，但因為害怕失敗，就索性放棄，心中卻非常失落。長大了，她對於自己喜歡的事，還是遠觀而不敢靠近，無論喜歡的人、興趣和事物，總覺得自己不配得或擔心擁有後會失去，不如不接近就不會失望。

自卑使人對自己不誠實，看不清、不確認自己的需要和情況，自然也不會好好對待自己。

Ken 自小喜歡美術、手工和模型製作，可惜在香港難以以藝術為職業謀生，只好從事一般文職工作。但因生性緊張，容易焦慮，對文書工作不易上手，於是工作效率非常低，因而常常惹怒老闆，最後也給辭退了。之後，他在兒童工藝班教手工，卻總是不開心，譬如同事說他做的壁報太另類，就感到其他老師對他很多閒言；又如他放在桌上的文具掉到地上，沒有人替他拾起，就感到被排擠。最終，他黯然辭職。後來，他決心以美術為生，做手作工藝，把作品放在格仔舖出售，但一直不敢對人直說，只說自己是教美術（他每週都會抽少許時間教手工班），不敢接納這個收入不穩定的 freelancer 身分。

不敢承認自己的身分，當然不能做自己吧！

自卑過了頭

一般人容易把「自卑」與「自卑情意結」混淆。嚴格來說，使人不能做自己，或使人自我否定的，不是自卑感，而是自卑情意結。而上面提到有關「自卑」的例子統統是自卑情意結的表現。

有些人可能受家庭、成長環境、個性、經歷等影響，令他原本正常的自卑感過多，好事變成壞事，產生「自卑情意結」(inferiority complex)。情意結的意思是錯綜複雜的心理狀態。**自卑情意結就是將自卑當成某種藉口，不是補償以獲得成功，反而引出一些以為保護自己，其實自我傷害的事或想法，人也變得錯亂**。例如「因為我學歷低，就註定失敗，不如放棄」、「因為我長得不好看，所以沒有男朋友，打扮也沒有用」。

人在自卑情意結底下，可能做了一些違背個人意願的事，結果無法活出真我：

我自卑(情意結)時，會變得像個瘋子，不斷罵身邊親近的人！
我自卑(情意結)時，會肆意向別人展示我有多可憐，多辛苦，其實我不想如此可憐！
我自卑(情意結)時，心裏會開始放空，什麼人都不想理會，孤立自己！
我自卑(情意結)時，會很害怕，腦海一片空白，心裏想說的話都說不出口。

自卑情意結是一種很內在、很深藏的心理狀態，使人無法辨清自我，不能確認自己「好」的地方。無法中肯地自我判斷，不能從心底欣賞自己的「好」，結果覺得自己永遠「不夠好」，總是次人一等。

更糟的是他們覺得別人沒他們那樣自卑，唯有自己如此，結果感覺更自卑。稍後，我們會逐一討論其他因自卑而起的不同影響。

自卑情意結底下的表現

退縮、怯懦、自覺渺小、放棄、遠離人羣、過分服從、依賴、不敢計劃、只會發白日夢、缺乏主動。

↓ ↓ ↓

自卑情意結引起的情緒

受傷、寂寞、悲傷、擔心、氣餒、憤怒、自責。

理想離我多遠

自卑的人否定自己，自然也會否定自己的理想。

Simon 在大學讀工商管理，成績比相熟的同學優異，理想是成為企業家。畢業那年，經濟市道特別差。不知同學是靠運氣，還是個人實力，竟然紛紛考進大公司，只有他幾經辛苦才找到一份普通的寫字樓工作。之後，他儘量缺席同學的敍舊，因為每次聽到同學提到在大公司學到什麼，有什麼福利時，他心中總是酸溜溜，覺得自己是次一等，唯有歎自己「運滯」，認為個人能力比別人差。

兩年後，Simon 決心轉工，幸運地考進一間大公司，可是工作性質跟以往有很大分別。他開始感到非常焦慮，唯恐自己不能勝任。朋友對他說：「你上司肯聘任你，證明你有能力應付吧！」

他卻不斷否定說：「上司之所以聘用我，只不過我僥倖地答對了他的問題。只要他細心留意我的表現，就知道我力有不逮。其實我有想過不如轉行，找份比較容易掌握又穩定的工作。」

朋友經常覺得 Simon 很奇怪，不明白他到底想要什麼。Simon 明明想進大公司，逐步尋覓理想；現在理想達到，卻失去信心，而且萬分後悔，甚至想轉行。

我們似乎不太理解 Simon 為何放棄理想。事實是，他不能誠誠實實地面對自己和評價自己，總是懷疑個人的能力，否定個人需要，無法善待自己。以致今天做了決定，明天也會反悔，最終變得很迷失，忘卻當初的目標，只是不斷徘徊在人生交叉點，兜兜轉轉。

當我遇上這類人，都想勸他們「放過自己」，要寬容一點，就是用一種「公道」的方式看待自己，不要再對自己如此苛刻，經常自我貶抑。

不要以為這叫謙卑。謙卑是懂得放開偏執，接納自己。自卑的人即使看出個人弱項，只要找出別類的強處，也能發現更多可能性和出路。例如學歷不高，但肯學又「轉數」快、細心不怕沉悶的工作，或所讀的科目非主流大熱，但願意從學習中裝備自己等等，都可以另闢蹊徑。可是自卑情意結使人變得頑固，老是認定自己不足，困在死胡同裏。

幾多個喬布斯？

有些年輕人求職，讀到求職廣告，判斷個人學歷不足或者力不能勝；又或上班時，以為學歷不夠高，人脈不夠好，升職必沒自己的份兒，於是努力去進修，儲多三數個學位資格。可是，錢花了，時間耗了，個人際遇卻沒改善。

很多人被這種價值觀困住，對「能力」的定義非常狹窄。如果用這些狹隘的「成功的標準」來衡量，世上有多少真正的才子才女？有多少年輕才俊？幾多人可以成為喬布斯（Steve Jobs）？

你敢信自己嗎？

記得在導言中提過嗎？勇氣跟一個人的「心」有關，而懷有自卑情意結的人失去一份勇氣。**一個能夠做自己的人，可以自我肯定，敢「信自己」**。什麼是信自己？就是信任個人的能力，知道自己需要什麼，懂得和敢於向別人表露自己是個怎樣的人。

朋友，你也有以上的困擾嗎？你討厭自己嗎？討厭你所讀的科目嗎？討厭你的工作嗎？你現時還有理想嗎？你覺得可以實踐理想的機會有多大呢？

自卑，令人無法自我信任。

做自己 這裏開始

你對個人的自卑感認識多少呢？

請在每題選擇一個最適合你的，看看你的結果如何。

1. 你的身高與周圍的人相比

A. 相當矮

B. 差不多

C. 高

2. 早上，照鏡後，第一個念頭是：

A. 再漂亮點就好了

B. 毫不在意

C. 今天看來很精神

3. 看到自己的近照，你感覺：

A. 不稱心

B. 很好

C. 還可以

4. 如果再讓你選一次，你會選擇：

A. 換一種性別

B. 現在的性別

C. 無所謂

5. 你受周遭的人歡迎嗎？

A. 不受歡迎

B. 不太清楚

C. 頗受歡迎

6. 老師派發考試卷，身邊的同學想知道你的分數，你會：

A. 用手遮掩着分數，才給對方看

B. 讓他看吧

C. 不讓他看

7. 體育活動後，感覺自己能力有問題嗎？

A. 有

B. 沒有

C. 偶然有

8. 遇上情敵，你會：

A. 灰心喪氣

B. 挑戰情敵

C. 毫不在乎，一切如常

9. 被人指責你「蠢蛋」，你會：

A. 感到難受

B. 還以顏色，回敬對方：「你，死蠢！」

C. 不在乎

10. 如果你在一個學科上的成績，不管如何努力都不如人，你會：

A. 只怪自己不好

B. 在其他學科上超越他人

C. 還是繼續努力讀書吧

計分方法：

A-5 分，B-3 分，C-1 分
50 － 40 分：非常自卑
39 － 21 分：帶點自卑
20 － 10 分：蠻有自信

完成後你有何感覺？在哪方面感到自己特別不濟嗎？以上測驗顯示自卑感無孔不入，如給個人容貌與外形貼上失敗和醜陋的標籤，怕別人發現自己的瘡疤，或不如理想的成績與表現等。可悲的是，自卑感在不同方面都會削弱自我形象，使人對他人的評價異常敏感。

做自己　這裏開始

自卑感清單

生命中，有些東西是可選擇和可控制的，有些東西卻不能。你滿意現狀嗎？這頁清單可以幫助你更深入了解不滿自己的地方。請在適當地方加上 ✓ 號。

	很自卑	適中	很滿意	原因
天生的				
樣貌				
身高 / 身形				
血統種族				
不可選擇的				
父母				
家境				
天分				
國籍				

	很自卑	適中	很滿意	原因
可控制改變的				
性格				
經濟狀況				
學歷				
事業				
感情				
生活環境				

完成以上練習感受如何？如果你質疑自己為何這樣選，可能顯示你不滿自己，你可能有點自卑吧！

自大，掩飾真實的我

當一個人過分貶低自己，不能中肯地看自己，忽視個人的真實狀況，就屬自卑情意結。可是，同樣情況亦會走向另一個極端。當人自視過高，每天只在發白日夢而不敢實踐，空談理想；或者心口掛一個「勇」字，不自量力，最後碰得焦頭爛額。這類人不願接納自己的限制和挫敗，漸漸地形成另一種自我否定，最後不能做自己。我們叫這情況為自大。

自大和自卑是一銀兩面。**自卑的人看不見自己的「好」，自大的人不願看到自己「不好」。**

自大和自信不同。自信是認識和接受自己的模樣，認清自己要做什麼，自大卻不想認清真正的自己，甚至一味吹噓掩飾。

活得不真實

自大的人因為不能接受個人的真實面貌，總把自己牢牢地封閉在不真實的幻像中。

Jenny 自小讀書成績很不錯，由中學到大學，她都覺得自己很優秀，而且同學都常向她請教功課。就算失落了學期終的優異獎，總會發奮追回，不過她的人生並非一帆風順。畢業後她很久才找到工作，工作也不是她所認定的「專業」，這令她一直耿耿於懷。因為這不是自己的理想職業，她在職場上變得很固執，常常與人發生衝突，做錯事也會推搪給別人。更糟是，她對男朋友的要求很高，一直難找到對象，這也是她最不能接受自己的地方。她雖然渴望朋友，但中學大學的同學聚會，她都不想出席，連在 Facebook 加入舊同學羣組也感到羞愧，因為每當看見同學的相片頭像是結婚照或親子照，都感到不堪入目。昔日的優秀形象一下子被這種形單隻影的落泊掩蓋了。

自大的人會不斷強迫自己追逐成功，事事想別人肯定，所以不容易接受批評、失敗，也不想看到自己的限制和須改善地方，不肯面對現實；要不就是終日埋怨，令自己停滯和退步。他活在虛幻之中，試問怎能做個真實的人呢？

自大的人不想見到自己不好。

自大，又稱優越情意結

阿德勒說：「自卑有兩種，一種是被冷落的自卑感，一種是被寵壞的優越感。」這裏講的「優越感」就是自大。**自大是一種隱藏的自卑。如果有人自吹自擂，不過是因為他感到自卑罷了。**

阿德勒認為人受內在日益增長的自卑感所困，沒有勇氣以努力和成長這種健康的方式去處理，變得不能接受自己的無能為力，無法忍受「都怪自己不好，所以達不到某些要求」。這感受跟自卑情意結一致。

不同的是，他們會用「自大」去抵消這份自卑感。這種自大、自以為是，或近乎狂妄的心態，骨子裏是在製造一種虛假的自我價值，以為「我已經很優秀，什麼都能做，要不是因為什麼什麼，我早就成功了！」目的為要消弭內心的自卑感和麻醉痛苦。這種由自卑引發的自大極端心理狀態，稱為「優越情意結」(superiority complex)。

優越情意結比較自卑情意結稍為複雜。這種人很難看出自己掉進了這個陷阱，他們覺得這樣做，根本是理所當然，甚至以為每個人不都是這樣的嗎？

優越情意結有幾種不同的形態。

我不能輸

第一種形態是以為自己很優秀、與別不同，自覺什麼都會，什麼都能達到，藉此沉溺在虛妄的優越感之中；甚至為了追求一個一個不設實際的目標，強迫自己超越極限，導致迷失了，認不清自己究竟是誰，需要什麼，界線在哪裏。有時，他們會自我膨脹至一個地步，變得非常自我中心，漠視了身邊的人對他們的勸告，目的是掩飾自卑。以下是一個例子。

Rex 和女友 Dorothy 感情非常要好，很多人都讚賞他將來一定是個好丈夫。他的目標是建立一個美好家庭。結婚後，他愈來愈埋首工作，五時起牀，六時上班，晚上十一二時才回家。即使回家，他滿腦子都是工作，引致經常失眠。同時，他變得愈來愈情緒化，經常埋怨太太打理家庭不周，又不接受太太的勸告，反而覺得她不明白自己，説話沒頭沒腦。當二人爭吵時，他一定要佔上風，不肯認輸。Dorothy 開始不滿 Rex 常在家中指指點點又不幫忙，最要命是，Rex 從沒有關心她的需要和感受。最後，Dorothy 選擇離婚。

Rex 的優越情意結，使他要掌控自己要走的路，過怎樣的生活方式，有怎樣的婚姻關係……他無法接受現實，無法接受人是有限制的，以為消耗萬二分精力在事業上就能換取成功。結果，他勢不認輸的性格，令妻子感到很難相處，犧牲了婚姻，違背了原有建立家庭的目標。

我最完美

另一種優越情意結的表現會近乎完美主義，老是把「不夠好」這個魔咒烙於心中。有人以為完美主義純粹是追求卓越，其實完美主義不代表精益求精，反而以為只要做得完美，或者別人看起來完美，就能減低或避免批判、指責所帶來的痛，例如做事不能有瑕疵；文件改了又改；對自己的標準很嚴格，不寬容待己。完美主義者可能在成長中缺乏他人肯定，所以心底常常以為：「我的成就和優秀代表我這個人的好與壞、我的價值，所以我需要迎合、有表現、完美一點。」

May 任職零售，因為心細如塵，處理繁瑣的零售和店舖工作，不費吹灰之力就深得上司的賞識。可是，她卻遭同事的白眼和嘲笑。她心想：「我不過是處事認真，盡力而為，有什麼不對？」原來她一向對自己、對同事要求很高，例如一份只需一小時完成的報告，她會因不滿意而不斷修改，結果花了四個小時，常常要加班。一位同事遲到數分鐘，她已經非常不滿，對於他們的疏忽，更會不留情面地直斥；也不能忍受工作上突然而來的變動，一旦事情與計劃不同，就大發脾氣，導致同事不滿，老跟她對着幹，表現不合作。

May 為自己和別人定下一套超現實的標準，不能容忍任何瑕疵、不妥當的地方，強迫自己要達標。其實她真正不能接受的，是不完美的自己，於是總跟自己過不去，最終受苦受壓，害己害人。

我最可憐

第三種優越情意結的表現是自憐，可以說是一種誇耀，可是誇耀的是一己的不幸。愛自憐的人把自己描述得很苦很慘，以一種負面的「優越感」逃避面對現實中的自己。例如，他們會說「我的苦，無人會明白！」「我肯定是最慘的一個！」「我的苦，你根本不曾嚐過！」

阿威出身自一個家境不錯的家庭，父母都是教育工作者，但他自小有讀寫障礙，而且先天體質較弱，個子比一般男孩子矮小。阿威說話總愛誇大：他喜歡在人前論說父親如何差，但事實是，父親只是偶然因為他發脾氣薄責他幾句；他又喜歡到處說哥哥的不是，但事實是，他一旦不夠生活費，哥哥就義不容辭地津貼他。他天生體弱，容易生病，每次一點小病，就怨自己何等辛苦，快要死掉，博取別人關心。他平日又很喜歡引述或誇大權威人士的話，例如他們如何誇讚他，不論這些話多麼微不足道。

其實，阿威活在一個虛假的自我下。他藉不幸抬高自己，把自己塑造成必須被體貼、被體諒、被憐恤的一個。而且，他只會依賴，常常說辦不到，要求別人遷就，或埋怨別人對自己不夠好，因此無法辨識個人的不足和要改善之處，永遠無法進步。

活得太辛苦

優越情意結為社會製造兩類人，這兩類人卻活得特別辛苦。

第一種是窮忙族，生活不斷追趕，還是覺得自己未達標，不足夠；他們不了解自己的限制，不接受自己的「份」。他們不認為自己忙，總覺得有時間和有力量；不屑做容易的事，總愛挑戰難度，證明自己；當別人勸他們停下來休息時，他們只把別人的勸告視為侮辱；當別人指出這件事不適合他們時，就認定別人不信任自己。他們忙得迷失自己。

第二種是嘮叨王，經常大發嘮叨，怨天怨地，埋怨社會不給自己機會，埋怨家境不濟，埋怨別人不與自己配合，不遷就；反而沒有正視問題，沒有檢視自己有什麼付出，要負什麼責任。

優越情意結使人不敢面對現實、面對自己，缺乏一份接受現實、接受限制、察看自己瑕疵的勇氣，一味想盡辦法逃避和遮掩瑕疵。最終，無法認清個人狀況，連改變的機會也沒有。

懷有自卑情意結的人要學會不要老是認為自己「不夠好」；懷有優越情意結的人則要學習認定「夠好」，不過分，就可以了。

一個能夠做自己的人，即使失敗，即使不完美，即使犯了錯誤，也會勇於承認和承擔，能原諒自己。他願意接受別人批評，願意成長，同時了解有什麼可改善，有什麼是超越能力範圍。簡單來說，對自己誠實，也活得真實一點。

朋友，你今天忙得要死嗎？你今天有足夠私人空間嗎？你懂得知足嗎？你敢於 say NO 嗎？苛刻的人有兩種，一種對自己苛刻，不敢 say NO，一種對別人苛刻，不許別人 say NO。朋友，你覺得自己是個苛刻的人嗎？

	→ **自大**（已經很好）	
對自己錯誤的評價	→ **完美主義**（要做得更好）	→ **優越情意結**
	→ **自憐**（無力做好）	

優越情意結

爭鬥、過分裝扮自己、不量力而為、沒完沒了增值、不願服從、愛指揮、太多妄想、太熱情、要所有人認同自己。

↓ ↓ ↓

優越情意結引起的情緒

憤怒、埋怨、憎恨、失望、自責、寂寞、擔心、麻木。

優越情意結使自己看不到真正的狀況。

做自己　這裏開始

你懷有優越情意結嗎？

1. 我對自己或別人的要求很高，也很嚴格，不容易感到非常滿意。 **是 / 否**
2. 我定下時間表或計劃後，一旦被打岔，我會不高興。 **是 / 否**
3. 我總希望身邊發生的事情能夠在我控制的範圍之內，盡在掌握。 **是 / 否**
4. 當我成功時，我會感到很高興；一旦失敗，卻不容易翻身。 **是 / 否**
5. 我很快會認出什麼人和事對自己有利，絕不遲疑去巴結和討便宜。 **是 / 否**
6. 我有時會幻想自己將來某天會很成功，而且心裏暗暗妒忌某些人的成就。 **是 / 否**
7. 我常常感到自己比別人辛勞和不幸。 **是 / 否**
8. 我覺得大部分的問題都是由別人引起的。 **是 / 否**

如果以上答案，你有四個或以上的「是」，就要好好反思，這說明你已經暗藏優越情意結。

3

無法擺脫別人，不能做自己

// 消極悲觀，總認為不可能

// 太在乎別人眼光

// 比較，只跟着別人跑

// 妒忌，看自己不順眼

消極悲觀，總認為不可能

有時，當一連串鳥事發生在你身上（例如出街忘了帶手機、面上長了一粒暗瘡、趕時間又追不到巴士、交了錯誤的文件給上司），你開始感到一道陰影籠罩，預感自己將是世上最倒霉的一個。之後，你開始覺得有些人總是衝着自己而來，街上的人會故意碰撞你、朋友故意不回訊息、同事故意不找你吃飯，你認定一切都是針對你。

之後你會怎樣？可能會感覺氣餒，斷定自己已經交上噩運，容易想到「今天做什麼都沒用，一定失敗收場」。這是一種消極悲觀的態度。

自卑和優越情意結關乎如何「評估自己」，會促使人變得消極悲觀；而消極悲觀的思想關乎如何「評估外在的處境」。消極悲觀，有時只是偶然掠過的想法，然而若這種態度，一直伴隨你的生活，就會使你不能接受過去，也無法看到將來。

過去這樣壞，未來也不會好

Jess 是個懷着自卑情意結的女生。她性格比較內向，在每個交際場合，腦海中自然想起過去一些被拒絕的經驗，心中開始有個念頭：「沒有人喜歡與內向文靜的人攀談。」立時認定場內沒有一個人會喜歡自己，於是她自忖：「與其再次出醜，不如早點離場。」雖然她心有不甘，不過也選擇離開，最終限制了自己的機會。她過去的經驗使她下了結論：自己就是不受歡迎。交朋友，不可能。

Gilman 是一個懷着優越情意結的男生。他曾經被公司解僱，令他失去自信。在一份新工作上，他對別人的要求不敢 say No，害怕別人討厭自己，於是他成了工作狂，結果適得其反。因為忙碌，做出來的成績反而不見得好。他過去的經驗令他下了結論：自己能力不足，最終有礙表現。工作表現好，不可能。

當一個人評估將來的可能性時，一定會檢視過去的經驗，所以如何看待過去的經驗和歷史，影響我們為未來做決定。如果看得正面，人會有勇氣和動力向前，否則就會意志消沉。以上兩個主角由於未能接受自己的負面經驗，太快為自己、為事件下結論，結果畫地自限，斷定好事情不可能發生在自己身上。

事實上，一個悲觀者會感到人生是無奈的。他總是向壞處想：把所有事情結果想得很壞，或者把所有可能發生的壞事都想到了。他們以為這叫居安思危，實際是杞人憂天；他們以為這樣做的好處是，當事情果然朝壞的方向發展，他們總算準備好迎接和承受後果。不過，這樣想又怎能幫助他們想像美好的將來？結果，他們不再為自己做什麼，為自己爭取最大的好處。

悲觀者認定什麼好事都不可能發生，因為不可能，便毋須付出和努力，自然會選擇放棄。但你會問，既然事情未發生，為何悲觀的人就武斷地認為，將來一定不可能？

悲觀者，覺得什麼都不可能

之前提過阿德勒的理論：「**一切行動都有目的**」，即是「人是目標導向的」，意思是人所有行為都帶着目的。

適量的自卑感是一種推動力，可以作為一種「向上的」意志，鼓勵人彌補不足，引導人尋找更優越的目標。目標有兩類，一類對個人有正面意義，另一類卻沒有。

人向着正面意義的目標，會覺得生命有各種可能。例如一個生於窮苦家庭的人，童年時眼見父母辛勞工作養家，成長中會克服客觀條件限制，努力上進，力爭上游，賺錢供養家人。

悲觀心態跟前文的自卑感有着密切關係。當人擺脱不了負面挫敗的經驗，心中的自卑感會變種成為自卑或優越情意結，既看不清自己，也看不清周遭，只看到一切都是灰濛濛的，什麼都不可能，從而作一個最壞的打算，就是所謂沒正面意義的目標。例如，一個悲觀者因着過去的失敗經驗，會低估個人能力，假定自己沒把握找到一份心儀的工作。當要去面試時，就對自己說：「反正不會被取錄，毋須做最好的準備。」於是他一直沒準備面試，而面試也一如所料地失敗，便跟自己說：「沒錯！我猜中了。我一定失敗。」這樣做的好處是，當他名落孫山，已早有心理準備，不致太失望，但同時局限了自己的機會和可能性。

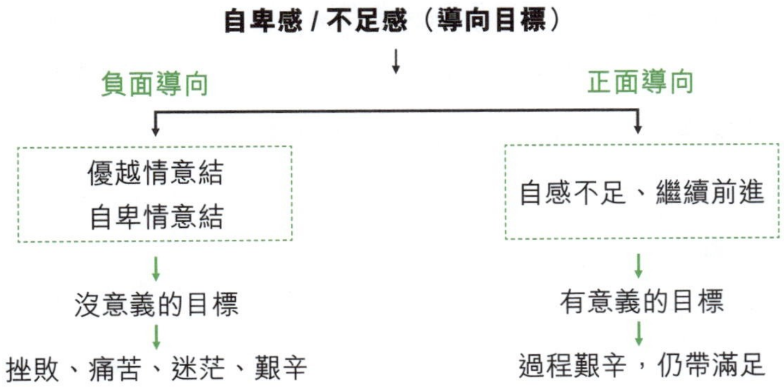

自卑感 / 不足感（導向目標）

↓

負面導向	正面導向
優越情意結 自卑情意結	自感不足、繼續前進
↓	↓
沒意義的目標	有意義的目標
↓	↓
挫敗、痛苦、迷茫、艱辛	過程艱辛，仍帶滿足

自編自導自演的悲劇

悲觀者為自己自編自導自演一個完美的悲劇，為自己寫下壞結局，並循着早已預計的壞結局方向前行，到了一個失敗或傷心的目的地後，便將所有失敗都訴諸悲劇的命運。當一個人事事聽憑命運，等於對自己説，生命沒有選擇權，於是什麼都不會做，試問又怎可能做自己？

這種推諉命運的想法，在心理學上稱為「自我實現預言」（self-fulfilling prophecy），意思是一個人對自己的預期（或別人對自己的預期），常在自己以後的行為中得到驗證，例如一個人聽信算命先生説「你 35 歲以前不會結婚」，因此他在 35 歲以前都不積極尋找結婚對象，最後驗證了算命先生的話。

或者你會認為，人的際遇沒法改變，認命吧！真的嗎？以下兩個例子，可以看到客觀事情和主觀悲觀想法的微妙關係。請特別留意悲觀想法如何影響他們的行為和選擇。

客觀事情 1：

Joy 14 歲初戀，男友發手機短訊提出分手，一句理由都沒交代。在第二段感情，她發現男友有第三者。之後，第三段、第四段，以及第五段感情都無疾而終。現在，她投入一段同性感情，雖然感覺多了幾分安全感，有時傷口仍隱隱作痛，若有所失。

Joy 的主觀悲觀思維：

Joy 與家人關係疏離，於是寄情戀愛。不料第一任男友不負責任，無故分手——失敗；

她大受打擊，感覺自己不可愛——挫敗感；

經常感到傷心、失落和孤單——負面情緒；

她對感情患得患失，不信賴愛情和別人——意志消沉；

不斷要求情人對她作出「承諾」行動，例如要對方隨傳隨到，花心思討好她，夜深也要接聽她的電話——影響行為；

最終嚇怕了情人——再次失敗。

結果：Joy 認為自己註定感情失敗。

客觀事情 2：

Marcus 自覺平凡得很，讀書時最怕體育課做體操，每當他嘗試擺出指定動作時，總會在同學面前出醜。他曾經學習結他、跆拳道和籃球，每當發現自己天分不如人時，便半途而廢。畢業後，他仍然覺得鬱鬱不得志，第一份工作沒發揮機會，第二份工作薪酬比一般朋友的低，第三份工作更遇上偏心的上司，同級新同事的薪酬比他高。

Marcus 的主觀悲觀思維：

Marcus 在家中排行在出色的哥哥與討人歡喜的妹妹之間，感到自己可有可無；他很介意別人看出他的缺點——失敗；

他感到很羞愧——負面情緒；

上體育課或其他課堂，他總會找藉口曠課，甚至心裏游說自己其實不怎麼喜歡那些活動——減低動機；

無謂努力練習——影響行為；

最後落得一事無成——再次失敗。

結果：現在他不敢再想前途，認為自己註定事業失敗。

從以上例子，我們看到這些所謂噩運或不幸，其實都是自己創造和實現出來的。**這種消極心態不但傷害自己，更會導致一連串的行為反應，令自己落入萬劫不復的地步，這就是「自我實現預言」**。不幸地，這種模式往往是不自覺的，導致人們持續錯誤評估成敗和形勢，繼而影響行為和表現，最終自困於重複失敗的惡性循環之中，無法修正。從客觀的事實看，他們固然遭遇挫敗。但是挫敗的原因可以有很多，未必一定統統是自己的錯，即使面對同一個問題，我們也可以選擇不同的應對，不一定要重蹈覆轍。

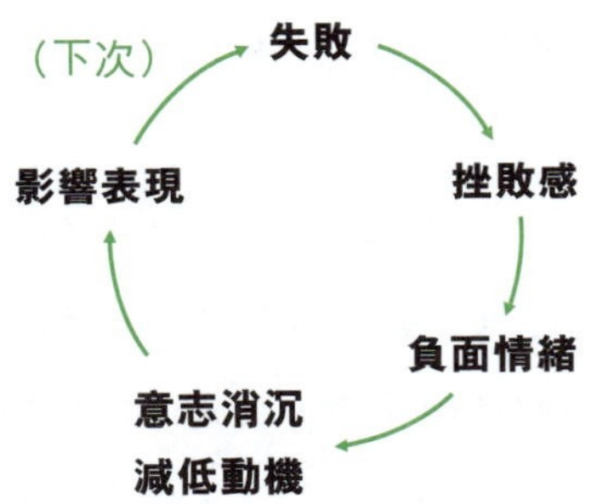

以下是「自我實現預言」的公式：

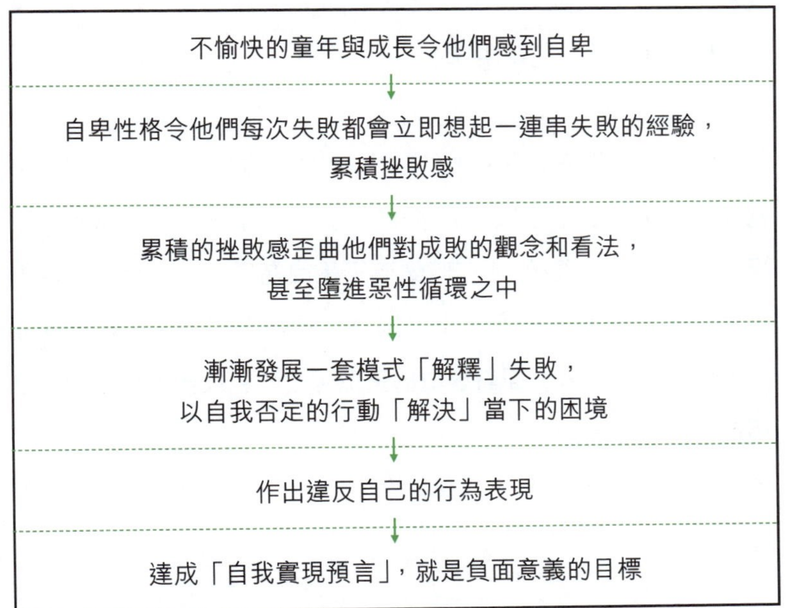

生命不設限

生命可以有兩種選擇：生命是無奈，或者生命具有無限可能。

我聽過不少年輕人對我說，生活是無奈，沒有多少選擇。工作沒選擇，前途沒選擇，對象沒選擇，連時間運用也沒選擇。生活變得很被動，彷彿任由父母、社會、命運擺佈。歌詞說得好：「背棄了理想，誰人都可以！」很多人因為種種原因，以致背棄自己，背棄初衷，背棄理想。有人說，一個人失掉理想，跟鹹魚有什麼分別呢？有些年輕人被殘酷的現實麻醉了、摧殘了，開始感覺理想已經不值錢，「只問理想不問開飯」就會被人指責漠視現實。理想和現實，很難抉擇！

面對自己傷痕累累的敗績和社會看似無望的處境，人容易感到氣餒，失卻意志爭取，心裏說：「我努力爭取都沒用啦！」不過，有一句話更要聽：「有時做事不是因為行不行，而是因為對不對、是不是對自己好。如果做事只看行不行，什麼都不會去做！」這是一份敢於面對挫敗的勇氣，不計較成敗，積極做自己相信應當做的事。

一個做自己的人具有一份彈性，既知道自己想要什麼，並作出計劃，同時可以接受失敗，接受生命中有喜有悲，有晴有雨。即使失敗，也可以抖擻精神，重新上路，對將來仍然懷着期盼，因為知道人生總有選擇和出路。其實，這是出於一份對挫敗的接納。

生活裏，有人選擇埋怨，有人選擇犬儒，也有人選擇自暴自棄。無論選擇如何，他們都選擇了放棄，放棄相信自己，放棄相信會有更好的明天，放棄找出更好的方法，積極地追尋夢想。他們的生活只局限於每天例行公事，像機械人一樣，每天上緊發條做一些自認為並不怎麼重要的事，然後對自己説：「認命吧！生活就是這樣！」你甘心嗎？

朋友，在你的記憶中，是否大部分都是失敗的經驗呢？這些失敗經驗如何影響你看自己、看成敗得失呢？你是否對成敗得失如此在乎？有時你很想半途而廢，是否和悲觀的想法有關？

究竟你成長中的成敗得失由誰定呢？合情合理嗎？

悲觀的人，看着過去的路只有一片灰濛濛。

做自己 這裏開始

你為人悲觀嗎？遇上以下情況，你會怎樣想：

1. 錯過一個重要約會

A. 記性不好

B. 忘記查日程表

2. 未能通過一個重要考試

A. 參加考試的人比我聰明

B. 自己沒做好準備

3. 你為朋友精心準備了一份禮物，但他 / 她卻只碰了一下就放下

A. 自己準備的禮物不好

B. 他 / 她可能出現一些狀況

4. 雖然訓練了很長時間，但還是在比賽中失利

A. 我天生不是做運動的材料

B. 我不擅長這項運動

5. 你想約會一位對象，他 / 她卻拒絕了你

A. 運氣不好

B. 提出約會的時候，我的舌頭一定正在打結

6. 伴侶希望和你分開一段時間，彼此冷靜一下

A. 一定是我不好，甚至比別人差

B. 陪他 / 她的時間太少了

7. 你買的股票開始不斷插水

A. 自己不太懂玩股票這玩意

B. 沒有選對股票

8. 沒帶錢包，而八達通又金額不足

A. 以為八達通還有足夠的錢

B. 忘了為八達通增值

結果分析：

選擇 A 的次數達到七次或八次，表示非常悲觀；達到五次或六次，表示頗悲觀；四次表示悲觀程度一般；二至三次表示比較樂觀；一次或一次都沒有，那就是非常樂觀。

太在乎別人的眼光

當你下班後感覺疲倦，跳上地鐵，竟然發現一個空位，你立刻坐下來。心想，今天走運了！列車開到下一站，一名老婆婆上車走到你面前。你心裏掙扎究竟讓不讓座，猶疑是因你正在考慮車廂內他人的眼光。又一次，你在街上瞥見一個十圓硬幣，正想拾起它時，突然心虛，不自覺地四下張望，看有沒有人發現自己這樣貪心。

我們有時會不自覺活在別人的眼光之下。你發現嗎？許多觀念，例如：升學、選工作、購物等決定，都不是出自我們的，而是來自家人、朋友、同事、上司、老師、電視、網絡、書本等，這些想法有時似是而非，卻又帶着束縛，使人無法擺脱。**人是活在人際關係之中，我們不得不承認，做決定時的確會考慮他人的看法。**好處是避免過分自我中心，參考別人經驗；壞處是太依賴別人的想法，老是以別人的準則作參考，顧慮得太多以致失去了個人標準、忽略了個人意見，甚至否定自己，結果失掉自我。畢竟最終影響的是自己。

自卑和自大影響人對際遇的看法，變得悲觀，這都是關乎個人的想法；同時，自卑和自大都會影響人際關係。接着兩篇會討論人如何受他人影響。這一節先談過分在意別人的眼光。

心裏充滿雜音

究竟何謂太在意別人眼光，何謂參考別人意見？

Candy 十分害怕權威型的人士，恰巧上司是個權威型人物，要求很高。每一項交到她手上的工作，她總是猜想，要是上司會怎樣做，要是這同事又怎樣，那同事又怎樣。有時工作上要與多方交涉，總要迎合不同方面的利益，疲於奔命，有時她心裏疑惑，究竟這些是否自己心裏的想法。

Kenny 出來工作後便不停轉工，原因是女朋友薪水比他高，而女朋友的媽媽曾說過，覺得他不夠好。於是他不斷轉工，尋找一份又一份薪金更高的工作，無法在一個環境安定下來發展。

Tracy 很愛討人喜歡。偏偏遇上一位完美主義上司，上司不停修改指令，她就不停跟隨。有時得到上司稱讚，她會很高興；但有很多次得不到上司歡心，她就氣餒，有時甚至會發怒。

這些人都只聽到別人的聲音，忽視個人聲音和意願。如果一個人總是跟隨他人意見，不考慮個人意願，這樣的人生有什麼意義呢？如果總在乎別人的想法，而不在意自己怎樣看，這樣的人生有樂趣嗎？一輩子都聽憑別人怎麼説，卻不曾安靜下來聽聽自己的聲音，只會令你感到無所適從，更加迷失。這又怎能活出自己的人生呢？

從別人眼中尋找的自己

很多時候，我們離不開一個傾向，就是要從別人眼中尋找自己。正如阿德勒指出「**一切行動都有對象**」，所有行動都是受「人際關係」影響。

如果人能夠中肯地透過別人去評價自己當然沒問題，可是若人懷有自卑或優越情意結，則會容易過分在意別人的意見。事實上，每個人對事情的評價和角度一定各有不同，不可能「盡如人意」，事事聽從；要是面對他人對自己的評價時，不懂得消化或調節自己的反應，容易把自己看得過低或過高，導致不能做自己。

我的確有點意見，但生怕其他人反對，還是不說為妙！

（對別人的批評異常敏感，甚至誇大。）

我還是這樣說好了，他們會比較喜歡這種說法。

（希望討好身邊每個人 / 期望每個人都喜歡自己。）

我不會再聯絡這些朋友，過去一向甚少聯絡，免得他們以為我有企圖！

（多數時間想着或猜想別人的想法，甚少問自己其實喜歡什麼。）

我害怕在陌生人面前介紹自己的中文名字，它很難發音，這樣太奇怪了！

（感覺自己很卑微。）

我回去團契有什麼意思？我出現與否，他們都不會在乎！

（感覺自己不重要，別人很重要。）

太在乎別人眼光好像服食慢性毒藥一般，把個人意志一點一滴地消磨。當程度失控，人不再懂得作合理的判斷，甚至以為世上所有眼光都盯着自己、鄙視自己。**有些人活在別人的期望下，在意他人對自己的評價，在意別人對個人行為的反應，無論這些「別人」是誰，都使他們疲於奔命。**

太在意別人眼光帶來嚴重的負面影響：
● 花了太多精力回應別人的反應和批評，忽略個人真正需要。
● 只顧討好，疲累不堪，無以為繼。
● 由於無法傳達個人心聲，感到無人明白自己，感到孤單，索性遠離人羣。
● 因別人的評價感到委屈或憤怒，經常情緒起伏，影響行為表現。
● 擔心過了頭，喪失勇氣，不敢嘗試，及後又為錯失機會而後悔。
● 思想消極，否定個人思考和創意。
● 抑制個人潛能，影響發揮。
● 常常假設別人的意見，變得城府很深，影響人際相處和合作。

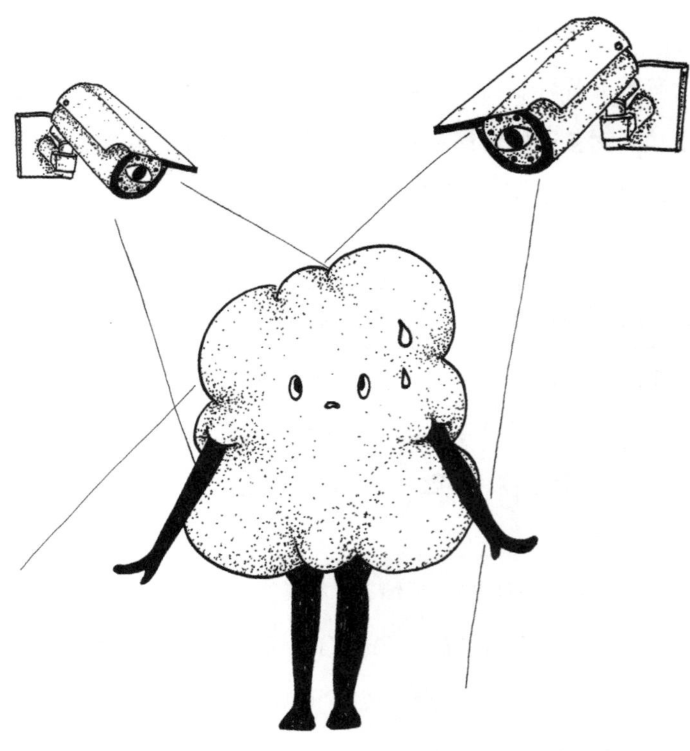

在意別人眼光，常常活在別人監察之下。

在乎，因為內裏渴求……

David在公司初來埗到，自然渴望在上司面前表現自己。可是，膽小的他卻害怕在同事面前出錯，所以大部分時間都表現得很拘謹。

在會議上，David花了很多精神留意其他人的表情、反應和説話。每當他想爭取發言時，往往花很長時間考慮他人可能的回應、批評或漠視，最終選擇把要説的話吞進肚裏。一旦有人望向他時，他又害怕別人怪責，或恐怕自己有什麼做得不妥當。在兩難之間，David唯有只説些別人喜歡聽的話。不過，他在慌張和混亂中，有時會説錯了話，令他更尷尬。

當我們深入分析這類人的心態，會發現他們心中有一份渴求。可是，他們把所有精力盯着別人，留心別人，忽略自己，而未必知曉。我嘗試分析一下 David 的例子：

- 對象：他很在意上司和同事的評價
- 想什麼：他在意自己的一言一行
- 害怕什麼：他害怕出錯，甚至被人評為不濟
- 渴望什麼：他想發揮，讓人另眼相看

David 期望別人認同他的能力。可是，他愈想表現自己，就愈在意他人的眼光；愈在意他人的眼光，反而窒礙表現。他的情緒和行為完全不受控。最後，他只能埋怨自己，痛恨自己，常對自己說：「我為何如此在意別人的看法呢？」卻制止不了。

你會有這種情況嗎，請你細心想：

- 對象：我特別在意誰呢？
  （例如上司、父母、情人、伴侶的家人、敵人？）
- 想什麼：我最在意別人對自己哪方面的評價呢？
  （例如能力不足、收入不高、外表不美……）
- 害怕什麼：為什麼該拒絕的時候我沒有說不？
  （例如害怕被批評、被看貶。）
- 渴望什麼：我在意他人感受時，是否想換取別人的認同？
  （例如讚賞和接納。）

以上問題幫助你進深一層了解個人的內心世界，包括如何看自己及心中渴望從別人身上得到什麼。

在意，因為需要

Eric 對別人的意見和評語很敏感。例如，他會極力討好他人，期望滿足別人要求。即使別人讓他提議外出吃飯的地方，他往往不敢表達意見，生怕別人不接納。朋友都嘲笑他「沒性格」。漸漸地，Eric 發現自己對任何事都沒有主意。

而且，別人每一句話，他聽進耳內，都彷彿在指摘自己的不是，令他內心充滿自責和無力，很多工作都沒信心做，不敢嘗試，一份工作要花很長時間適應。

當他在工作上得不到認同或滿足感，他會從人羣中抽離，之後就想轉變環境，以為改變會帶來新景象，能夠逃離別人的眼光。可是，他害怕轉變，轉變意味着面對新上司、同事和工作環境，他便要花費更大氣力「承受」他人的意見和批評。為此，他感到非常矛盾和苦惱，內心充滿焦慮。

Eric 之所以這樣敏感，只因他想在別人瞳孔內，找出自己的身影。可是事與願違，他在工作上感到自己無地位、無價值和無用，唯有選擇抽離。抽離是一種最安全，但又最傷痛的手段，把自己封閉起來，孤立起來，或者戴上面具做人，就像在生命周圍築起厚厚的圍牆。**人不能沒有關係，其實大部分築起圍牆的人，表面上說着「給我冷靜一下」、「給我一點空間」，心底卻何等希望「請你找找我」、「請你陪陪我」。**

故事的起點：家庭

但這不是故事的全部，以下才是故事的起點：

> Eric 的父親是個很嚴厲的人，對兒子要求很高，只會關心他的成績和表現，整天都在找他的不足和錯處，忽略了他的內心需要和感受。加上 Eric 不是讀書的材料，父親更常常批評他沒有用，將來一定無法養活自己。Eric 從小至大都沒法得到父親的認同。

如果要進一步追溯人過分在意別人眼光的原因，大部分都在成長中受家庭的影響。如 Eric 童年時得不到父親的認同，長大後對批評變得很敏感。

人自出母腹便需要留意別人的眼光，因為人需要互動，尤其在親子關係，並從互動之中獲取認同及滿足各種情感需要。有人曾經做過一個實驗，把一名數個月大的嬰兒放在一塊透明玻璃地板上，玻璃底下有一個坑。當嬰兒爬到「坑邊」，會自然停下來，不敢前進；但當嬰兒看到母親在前頭向他微笑和打氣，嬰兒竟然排除畏懼，繼續爬向母親。可見，如果幼童從父母身上得到充分的安全感，長大後容易變得自信；否則人會千方百計追逐那份未嚐過的認同。所以，有些人會特別在意「權威者」的眼光（如老師、上司或長輩等），希望得到他們的認同。這都是失去父母認同的後遺症。

你會問，究竟人需要怎樣的認同呢？肯定是否等於稱讚？認同包含了很多複雜的情感需要，不是只有稱讚，而這些情感必須藉人際互動滿足。透過互動，人可以感到自己有價值，被留意，被愛，得到認同，建立價值和歸屬感。

這裏列出十種基本情感需要和互動方式：

	情感需要	他人對你的具體行動
1	關注	留意你的存在，對你感興趣，願意花時間在你身上。
2	接納	沒附帶條件、沒批判地接納和包容。
3	欣賞	為有關你的事情感到喜悅和滿足。
4	鼓勵	相信你的能力，期望你多做。
5	鍾愛	利用身體和言語表達你對他的重要。
6	尊重	給你自主與自由，確認你的獨特性。
7	支持	願意在你遇困難時站在你一方，並伸出援手。
8	安慰	當你感到焦躁、哀傷和痛苦時，明白和體會你的感受。
9	肯定	以行動和言語表示為你感到自豪。
10	保護	讓你身心不受創傷。

槍打出頭鳥

內心需要？渴求？這些事情很多人連想都沒空去想，或者不敢去想，只是麻木地匆匆地過每一天。

香港人活在一個「很在意別人眼光」的社會。很多人都怕被人看扁，怕被人取笑，怕「執輸」(人有我冇)，一定要達到主流社會既定的一套標準和價值觀，結果不少人選擇忽略自己的理想，隨波逐流，如認定一定要進入大學、找份賺錢的工作、供樓、妻子要美麗，丈夫要事業有成等。如果不能「達標」就代表「不正常」。因此，即使目前的工作得不到滿足，也不敢轉工；即使心裏不認同，也不敢作聲；即使有意義的事，也不敢騰出空間去做，寧願加班或多讀個學位……隨波逐流還是忠於自己？大部分人心裏固然想忠於自己，可是現實是選「跟大隊」，因為這樣比較安全。

究竟什麼才叫「正常」？我覺得一個正常人，應該忠於自己，聆聽自己的聲音（理想、渴求、負擔和價值觀），別人的聲音只是參考資料，最終還是得跟隨自己的聲音緩步前行。

一個懂得做自己的人，會問也會聽自己的聲音：我喜歡什麼，我需要什麼；也可以自我肯定。他勇於按着自己的生活方式、風格和節奏生活，不易隨波逐流。另一方面，發生狀況時，他有冷靜頭腦，懂得分辨每件事的責任誰屬；對於不公平或者不想做的事情，敢於説「不」。他説「不」，不是為了賭氣，而是會給予解釋，並願意和別人一起尋求其他解決方案。

這一章進一步談到一個人面對他人時的內心狀態，包括渴望、情感需要，以及家庭的影響。還記得嗎？勇氣是有關一個人的內心。這是一份怎樣的勇氣？就是敢於從人際互動中認識真正的自己：「我是誰，內心實在需要什麼」，同時敢於表達和獲取情感需要的勇氣。最後，勇敢地按照自己在乎的去做，不管別人怎麼說。

朋友，你最在乎哪些人的眼光呢？為什麼？選擇跟「大家」一樣，那麼你就只會得到跟「大家」一樣的人生。你得問自己，「大家」那種人生，你想要麼？哪種人生是你真正想要的？

在意別人眼光使自己動彈不得，進退失據。

做自己 這裏開始

你有足夠的安全感嗎？

馬斯洛（Abraham Maslow）是人本主義心理學的代表人物。他認為，安全感是決定心理健康的關鍵因素。他結合個人臨牀實踐，編製了這份問卷，以測定一個人的安全感。請選擇最符合你情況的一項，切記儘量避免選擇「不清楚」。每道題目的答案沒有是非、好壞之分，請放下顧慮，如實回答。

1. 通常，我情願與人呆在一起，而不是個人獨處。 是 / 否 / 不清楚
2. 在社交方面我感到輕鬆 是 / 否 / 不清楚
3. 我缺乏自信。 是 / 否 / 不清楚
4. 我感到自己已經得到了足夠的讚賞。 是 / 否 / 不清楚
5. 我經常感到對世事不滿。 是 / 否 / 不清楚
6. 我感到人們像尊重他人一樣地尊重我。 是 / 否 / 不清楚
7. 一次窘迫的經歷會使我很長時間內感到不安和焦慮。 是 / 否 / 不清楚

8. 我對自己感到滿意。 是 / 否 / 不清楚

9. 一般說來，我不是一個自私的人。 是 / 否 / 不清楚

10. 我傾向以逃避來避免一些不愉快的事情。 是 / 否 / 不清楚

11. 當我與別人在一起時，我常常會有一種孤獨的感覺。 是 / 否 / 不清楚

12. 我感到生活對我來說是公平的。 是 / 否 / 不清楚

13. 當朋友批評我時，我是可以接受的。 是 / 否 / 不清楚

14. 我很容易氣餒。 是 / 否 / 不清楚

15. 我通常對絕大多數人都是友善的。 是 / 否 / 不清楚

16. 我經常感到活着沒有意思。 是 / 否 / 不清楚

17. 一般說來，我是一個樂觀主義者。 是 / 否 / 不清楚

18. 我認為自己是一個相當敏感的人。 是 / 否 / 不清楚

19. 一般說來，我是一個快活的人。 是 / 否 / 不清楚

20. 通常，我對自己抱有信心。 是 / 否 / 不清楚

21. 我常常感到不自然。 是 / 否 / 不清楚

22. 我對自己不是很滿意。 是 / 否 / 不清楚

23. 我經常情緒低落。 是 / 否 / 不清楚

24. 在我與每個人第一次見面時，我常常感到對方可能不會喜歡我。 是 / 否 / 不清楚

25. 我對自己有充足的信心。 是 / 否 / 不清楚

26. 通常，我認為大多數人都是可以信任的。 是 / 否 / 不清楚

27. 我認為，在這個世界上我是一個有用的人。 是 / 否 / 不清楚

28. 一般說來，我與他人相處很融洽。 是 / 否 / 不清楚

29. 我經常為自己的未來發愁。 是 / 否 / 不清楚

30. 我感到自己是堅強有力的。 是 / 否 / 不清楚

31. 我很健談。 是 / 否 / 不清楚

32. 我有一種自己是別人負累的感覺。 是 / 否 / 不清楚

33. 我在表達自己感情方面存在困難。 是 / 否 / 不清楚

34. 我時常為他人的幸運而感到欣喜。 是 / 否 / 不清楚

35. 我經常感到似乎遺忘了什麼事情。 是 / 否 / 不清楚

36. 我是一個比較多疑的人。 是 / 否 / 不清楚

37. 一般說來，我認為世界是一個適合於生存的好地方。 是 / 否 / 不清楚

38. 我很容易不安。 是 / 否 / 不清楚

39. 我經常反省自己。 是 / 否 / 不清楚

40. 我是在按照自己的意願生活，而不是按照其他什麼人的意願在生活。 是 / 否 / 不清楚

41. 當事情沒辦好時，我為自己感到悲哀和傷心。 是 / 否 / 不清楚

42. 我感到自己在工作和職業上是一個成功者。 是 / 否 / 不清楚

43. 我通常願意讓別人了解我究竟是怎樣一個人。 是 / 否 / 不清楚

44. 我感到自己沒能很好地適應生活。 是 / 否 / 不清楚

45. 我經常抱着「船到橋頭自然直」的信念而堅持將事情做下去。 是 / 否 / 不清楚

46. 我感到生活是一個沉重的負擔。 是 / 否 / 不清楚

47. 我被自卑所困擾。 是 / 否 / 不清楚

48. 一般說來，我感到還好。 是 / 否 / 不清楚

49. 我與異性相處得很好。 是 / 否 / 不清楚

50. 在街上，我曾因感到人們在看我而煩惱。 是 / 否 / 不清楚

51. 我很容易受傷害。 是 / 否 / 不清楚

52. 在這個世界上，我感到溫暖。 是 / 否 / 不清楚

53. 我為自己的智力而憂慮。 是 / 否 / 不清楚

54. 通常，我使別人感到輕鬆。 是 / 否 / 不清楚

55. 對於未來，我隱隱有一種恐懼感。 是 / 否 / 不清楚

56. 我的行為很自然。 是 / 否 / 不清楚

57. 一般說來，我是幸運的。 是 / 否 / 不清楚

58. 我有一個幸福的童年。 是 / 否 / 不清楚

59. 我有許多真正的朋友。 是 / 否 / 不清楚

60. 在多數時間中我都感到不安。 是 / 否 / 不清楚

61. 我不喜歡競爭。 是 / 否 / 不清楚

62. 我的家庭很幸福。 是 / 否 / 不清楚

63. 我時常擔心飛來橫禍。 是 / 否 / 不清楚

64. 與人相處時，我常常會感到很煩躁。 是 / 否 / 不清楚

65. 一般説來，我很容易感滿足。 是 / 否 / 不清楚

66. 我的情緒時常會一下子從非常高興變得非常悲哀。 是 / 否 / 不清楚

67. 一般説來，我受到人們的尊重和尊敬。 是 / 否 / 不清楚

68. 我可以很好地與別人配合工作。 是 / 否 / 不清楚

69. 我感到自己的情感不能自控。 是 / 否 / 不清楚

70. 我有時感到人們在嘲笑我。 是 / 否 / 不清楚

71. 一般説來，我是一個比較怕生的人。 是 / 否 / 不清楚

72. 總的説來，我感到世界對我是公正的。 是 / 否 / 不清楚

73. 我曾經因懷疑一些事情並非真實而苦惱。 是 / 否 / 不清楚

74. 我經常受到羞辱。 是 / 否 / 不清楚

75. 我經常感到自己被人們視為異乎尋常。 是 / 否 / 不清楚

計分方法：

凡選擇與下表中一致的得 0 分，其餘的一律得 1 分。選「不清楚」的都記 1 分。將所有題目的得分相加即為最後得分。

1, 2, 4, 6, 8, 9,12, 13, 15, 17, 19, 20, 25, 26, 27, 28, 30, 31, 34, 37, 40, 42, 43, 45, 48, 49, 50, 52, 54, 56, 57, 58, 59, 62, 65, 67, 68, 71, 72 條題目選「是」。

3, 5, 7, 10, 11, 14, 16, 18, 21, 22, 23, 24, 29, 32, 33, 35, 36, 38, 39, 41, 44, 46, 47, 51, 53, 55, 60, 61, 63, 64, 66, 69, 70, 73, 74, 75 條題目選「否」。

結果分析：

0-25 分，正常範圍。

25 分以上，具有不安全感的傾向。

31 分以上，具有不安全感。

39 分以上則具有嚴重的不安全感，即存在着嚴重的心理障礙。

做自己 這裏開始

你的情感需要被滿足嗎？

上文提過安全感可能來自我們的情感需要有多少被滿足。我們較多機會檢視自己的物質需要，而少去檢視內心的需要。請嘗試檢視你的過去與現在，以下十種情感需要曾經被滿足嗎？又被誰滿足呢？比較過去與現在的情況有何不同，為什麼？

	情感需要	童年時 1 分代表沒滿足 10 分代表非常滿足	現時 1 分代表沒滿足 10 分代表非常滿足
1	關注		
2	接納		
3	欣賞		
4	鼓勵		
5	鍾愛		
6	尊重		

7	支持		
8	安慰		
9	肯定		
10	保護		

比較，只跟着別人跑

新娘子不會找一個比自己漂亮的女生做伴娘；新郎也不會找比自己高帥的男生當伴郎；老師派測驗卷時，學生們總是急不及待要知道鄰座同學的成績；女孩子碰面時心底總會比較誰更纖瘦，皮膚更白滑；男孩子聚首，自然會討論誰的女朋友比較漂亮，身材更出眾；學校會被劃分為中中或英中、精英班與輔助班。還有，香港小姐、十大金曲、超級巨聲、全美一叮、格鬥遊戲等受歡迎的節目……全都是比較。

「比較」是個很普遍的現象。你會問，比較有何不妥？有競爭才有進步！每個人都是這樣！誰要是超過別人，不都應該滿心歡喜嗎？誰要是落後，不都會鬱悶嗎？你看人家在奧運會獲冠軍，不都是喜極而泣嗎？不錯，比較不是問題，不健康的比較才造成問題。健康的比較是以他人的付出作為參考和自我激勵，自己知道要跑怎樣的賽道。他人有他人的賽道，我有我的賽道，是不同的。但不健康的比較，就是以他人為自己的目標，把超越他人作為自己的唯一方向。

每個人與生俱來都是不同的，過度的競爭和比較是把個人價值和目標與他人的畫上等號；若所有人都放置在一式一樣的標準上比較，便會失去個人的獨特性，也容易造成錯誤的評價，影響自我價值和定位。

自卑和自大，使人容易把自己放在他人的成功和標準下，過分在意他人意見，或比較和嫉妒，都使人失去自我定位，忘記自己的獨特性。

比較可以是中性的，雖然有時會使人感到不愉快，但也可能成為動力，催迫人奮發向上，而嫉妒則是從比較而生。比較像感冒，而嫉妒則是重病。那麼，什麼樣的比較會產生嫉妒呢？當我們對自己沒有把握，就容易和別人比較，生怕別人比自己強，怕被人瞧不起，容易產生嫉妒，也就是自卑情意結作怪。歸根到底，是不知道、不明白自己的價值所在，只好憑藉別人對自己的看法來確定個人價值，這時候嫉妒會油然而生。

這一節我們先談比較。

比較，失去個性

Nancy 平日很少表達個人想法，即使有機會表達，她都會小心翼翼，運用很多比較性字眼，避免主觀，例如「相對上」、「他比較他」、「當然不是絕對」等。朋友取笑她沒個性，甚至有人批評她彷彿沒有情緒，毫無主見。事實上，她一直甚少表達自己，是因為自小到大，她的家人都喜歡把她與表兄弟妹比較，她討厭給家人拿來比較，所以不表達就最安全。久而久之，她變得寡言沉默，很少發表和表達個人意見。

Nancy 不敢表達個人意見和意願，不想與人比較，然而討厭比較的人並非不會比較，而是不自覺地和他人比較，甚至在比較之下變得只會跟着別人走，漸漸埋沒個性和獨特性。

愛比較的人不容易做自己。

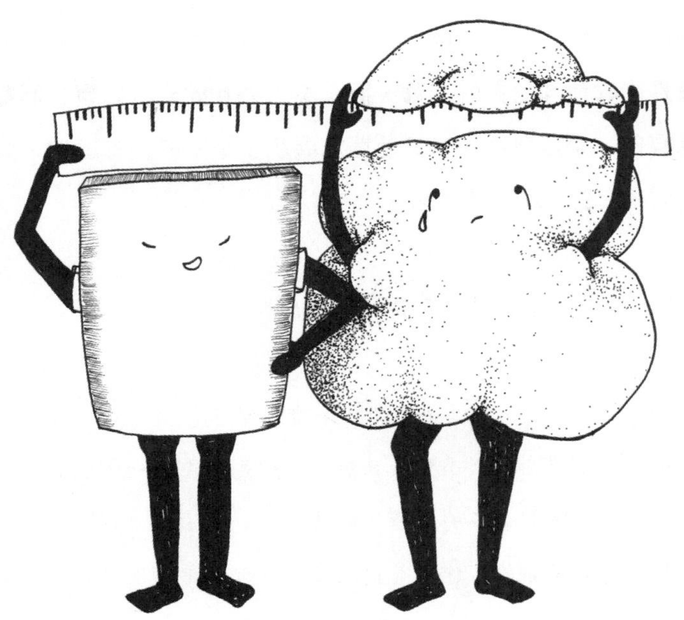

比較，就是只以別人的情況來評量自己，

不曉得自己的標準。

比較，從家庭開始

上一章我們提到人的情感需要從小時候開始。家庭是我們學習和體驗人際互動最基礎、也是對人影響力最大的地方。**一個人的成長影響他和他人的互動，而人與人的互動又會影響我們能否確認自己，表達自己。**有三種情況展示了不同的影響方式，這些方式都會產生愛比較的後果。

第一個例子有關家庭中的出生次序：

27 歲的 Mona，在四兄弟姊妹中排行第二，有一個大哥和兩個弟妹。父親在他們小時候已離世。她是家中唯一考上大學的孩子，也是賺錢最多的一個。雖然她不是大家姐，實際上卻要常常擔當大家姐的工作，負擔家庭財政和其他需要。可是，哥哥不但沒有尊重她，反而事事反對她、批評她。不過，Mona 最介懷的是自己仍然單身，沒有男朋友，而哥哥和弟妹已經組織了美滿的家庭。她埋怨自己因為一直承擔家庭責任而埋首工作，犧牲了終生大事。其實，她對親密關係感到恐懼，缺乏安全感。她的內心認為要獲得別人認同只能靠自己的努力和付出，世上沒有白白得來的幸福。一旦感情失敗，她不知道如何重新振作。

Mona 的家庭充滿比較和競爭，使她活在壓力和擔子底下，感到吃力，以致對於親密關係戰戰兢兢。

有些人學習比較是從家庭開始，為的是博取父母的關注。而人在家庭中的排行，會導致他出現這種行為模式。這方面，阿德勒早已提出，出生次序如何影響一個人的生活模式和態度。兄弟姊妹為爭逐父母的關愛和注意，遂留心其他人的行動，羨慕對方擁有的，各出奇謀，心理學上叫「兄弟姊妹的爭逐」(sibling rivalry)。例如，長子把持既有的權力和地位，幼子會討好和創新，排行中間的會見風駛舵，投靠更有勢力的一方，或者不埋任何一堆，選擇別樹一格的態度。如果一個人只會以競爭的方式生活，又怎能活得快樂，過自己真正想過的生活呢？

你在家中排行第幾？你的個性有否受這種次序影響？

第二個例子有關男女性別：

阿芬的家庭重男輕女，父母偏愛弟弟，而且母親常拿她與弟弟比較，阿芬一直覺得自己不受重視。阿芬的皮膚黑黝黝，只有五呎一吋，她認為自己的外表一點都不好看。她最介意自己的嘴唇，因為比別人豐厚。Miki 是她最要好的朋友，從小學認識至今。可是，阿芬心底一直暗暗與 Miki 比較，比較對方的外表、聲線、衣着、書包文具、成績、家境、工作和男朋友等，她會追問 Miki 生活的所有細節，Miki 擁有的，她希望自己也擁有，當她比不上對方時，心裏就感到酸溜溜。有時 Miki 對她說：「你都有優秀的地方吧！」阿芬卻回答說：「我的有什麼特別？可是你有的，我沒有！」

後來，他們各自談婚論嫁，阿芬誓要辦一個比 Miki 的更隆重的婚禮，她挖空心思，一絲不苟，反而令自己很大壓力。其實 Miki 一直都察覺阿芬愛比較，可是拿她沒辦法。

阿芬生於一個重男輕女的家庭，自小得不到公平的對待，父母又常把她和弟弟比較，令她根本不理解什麼標準才算好，才算及格。在這種環境下成長，阿芬壓根兒不認識自己，或不敢肯定「已認識」的自己，只好藉「比較」尋找肯定。同時，她對標準的概念很混亂或很含糊，只能以「別人」的標準去評量，「比較」成了她的途徑。

比較必然有高下，人如果常被比下去，自然會形成自卑心態，感覺什麼都比不上別人；如果常在比較勝出，可能變得自負，強迫自己一定要在每次比較和爭逐中不斷勝出。這兩種似乎跟自卑和優越情意結很相似。阿芬似是個懷有自卑情意結的人，傾向將自己的缺點與別人的優點比較，歸納自己比不上的原因，作為失敗的理由，或成為退縮的藉口。至於懷有優越情意結的人傾向貶低別人的優點，或挑剔他人的不足，以平衡和補償自卑心理。

你的家人如何看待你的性別呢？他們的看法有否影響你？

第三個例子有關一代傳一代的影響：

Dicky 的父親是公務員，家境普通，而父親的兄弟不是醫生，就是律師或成功商人，所以 Dicky 一家一向不受其他親戚重視。父親在比較的心態下，望子成龍，在 Dicky 年少時已經一心要鞭策他考上名校，藉以向親戚炫耀。

Dicky 的確考入名校。不過當他在名校就讀時，卻感覺格格不入，抗拒周遭激烈的競爭氣氛，大部分同學都非富則貴或天才橫溢，他卻覺得自己成了學校裏的「低下層」。之後，他考上大學，選讀了一項冷門學科，開始感覺前途渺茫。畢業後，他為了滿足父親的心願，唯有選擇學科以外的工作——晉身投資行業，期望「搵快錢」，不幸地業績不如人，有負家人所望。

他心底裏經常慨歎：「為何別人總比我幸運，總比我優勝？」

這個故事道出一個悲哀的事實，就是 Dicky 及其父都受比較的枷鎖綑縛。首先是父親與兄弟比較，之後將自己未能成就的期望壓在兒子身上。家庭有種無形的期望、壓力或困擾，一代傳一代。Dicky 在父親期望和比較的枷鎖下成長，「練就」了比較的習慣。沒有比較，就覺得沒有存在感，找不到自己的位置和定位。他沉溺於比較，以致影響對自己和前路的判斷。

有些父母用心良苦，希望推動和鼓勵孩子，遂不自覺把兒女與其他人比較：「好心你學下某某」、「你看某某比你好多」，有些父母卻利用比較作為一種心理上的懲罰，懲罰孩子的過失，說：「我寧願要某某做我的孩子！」久而久之，孩子會將自我價值與別人掛鉤，藉比較認識自己。生命環繞着比較性的「否定句式」，如「我不是他……」或「我不比他……」。

倘若這個描述正是你的情況，請不要灰心，這一章我們探討家庭的影響，希望幫助你明白，我們深層的自我觀念，並非腦袋出問題，也非天生的性格比人懦弱，不少是來自家庭。好消息是，人是可以改變的，是可以進步的。即使你慣了比較，請你和「昔日的自己」比較好了，不必再和他人比較，這樣才可以幫助自己有真正的進步。

你的家庭對比較的觀念如何？他們將你放在什麼標準之下比較呢？

愈競爭愈退步

除了家庭，教育制度都深深影響我們。我在網上讀過一篇分享。一個年輕人小時在中文堂作文，題目是「禮物」。當他交上作文之後，中文老師對他說：「重作！」原因不是文字不通，而是該篇文章和其他同學的不一樣，當大家寫的都是生日禮物，只有他寫了一篇有關戀愛的文章。他為此感到忿忿不平。不過，他選擇低頭，從此作文課只寫一些從俗的文章。這位老師把他放在劃一的框架下評審，不看個別的獨特性。結果，我們從教育中學到什麼？學到「比較」。

有留意嗎？我們自小對數字非常敏感。我相信原因來自學業的分數。我們自小就讓分數評定自我價值，因此我們會留意別人的分數是否高於自己的；考試答題，先推想評分標準怎樣，如何回答可以爭取最高的分數；多少分數就代表可以進入哪間大學，也代表我在社會的價值……長大後，我們也離不開數字：薪金、住屋類型、住所的樓價、年紀跟成就成正比麼、這個年紀還未成家立室……這不是比較心態又是什麼？

物競天擇，適者生存，你不去爭，沒有東西會從天上掉下來。這樣說，似乎競爭和比較是天經地義。可是，人生活在充滿競爭和比較的底下，生活得又苦又大壓力，非常無奈。

找出你自己的賽道

我相信每個人都應該過着自己喜愛，又適合自己的生活方式。我們真的需要一份勇氣掙脫這些框框。但要活得與別不同，可不容易，很多人怕不合模，怕被標籤為異類，怕被看為次等。

這視乎你採用怎樣的價值觀和事物觀。

做自己的人，並非從不比較，而是即使比較，不會因比不上而太失落；如果比得上，也只消興奮一刻就夠。始終，他不太重視跟人比較，只會和自己比較，或者説，跟「舊日的自己」或「理想中的自己」比較，比過去更好，或更接近理想，這就是進步。**他看人生的目標不是追趕別人，而是實現自己的獨特性。每個人都應該有自己認為有價值和珍重的事物，可以追尋個人喜好和本質的夢想，這夢想源自內心的願望和興趣。**

人際關係方面，他知道怎樣的朋友適合自己，什麼朋友與自己價值觀相似，學懂和他們有來有往，同時敢於表露獨特的自己。

勇氣出於認定每個人都是獨特的，都有自己的賽道。他人有他人的賽道，我有我的賽道。人生是長跑，沒有贏在起跑線這種競爭局面。而且，羣體由不同的個體組成，理應彼此配搭合作。

你或多或少總愛與人比較。你察覺到自己偶爾有比較的傾向嗎？你在成長中，常與人比較嗎？常被人作比較嗎？感受如何？這些回憶帶給你成長的烙印嗎？

以比較為生活方式，就是不斷追趕別人，

看不到自己的跑道。

做自己　這裏開始

你愛比較嗎？

1. 別人升職了，你心裏是否覺得應該升職的是自己？ 是 / 否
2. 要求自己的成績 / 成就一定要趕過身邊的朋友或同學。 是 / 否
3. 別人買了一件新玩意或衣服，自己也應該要有一件。 是 / 否
4. 朋友報讀了一個課程，自己也考慮要多讀一個學位和一張文憑。 是 / 否
5. 自己的婚禮要比朋友的隆重。 是 / 否
6. 別人買了新手機，自己的還能用，但很想擁有一部。 是 / 否
7. 朋友的工作總比自己的有前途。 是 / 否
8. 別人的朋友數量，總比自己多。 是 / 否

如果以上問題，你出現四個或以上的「是」，那麼你可能經常暗自和別人比較，最終只會令自己很掛心和不快。

妒忌，看自己不順眼

有時當你在 Facebook 看到人家大放「閃光彈」── 放着「曬命」、「曬甜蜜」或者「曬幸福」的照片或帖子，包括吃了什麼大餐、到過什麼地方旅行、交了個俊俏的新男友、多了一個學位……你可能立即會想：「呸！這算什麼？換轉是我，我也做得到！我可不稀罕！」這是什麼？這是一種「吃不到的葡萄是酸」的反應，又稱妒忌。

妒忌跟比較同出一轍。兩者的分別在於，比較裏充滿害怕，害怕自己給比下去；**而妒忌則是「發了酵的比較」，已經將恐慌轉化成憤怒，漸漸對別人產生偏見，憎恨那些比自己優越的人，正正反映內心對自己不滿。**

妒忌，因我很不濟

Alice 一直心急拍拖，但她因父親拋棄她們一家，自小對男人心存畏懼，所以與異性相處不太愉快。她之所以心急，因為常在 Facebook 看到同輩一雙一對的拍拖相片，心裏就焦急，內心感到不忿，覺得別人在「曬命」。因此，她每見一次，就會 unfriend 這個朋友。

妒忌是看到他人優勝過自己而產生怨恨，往往伴隨着想要奪取或破壞對方優勢而產生的忌恨心理。妒忌是最難發現的一種情感，很多時會在職場上出現。

Candy 和 Sammi 同時間入職，由於二人的技能正好可以取長補短，所以成為工作上的好拍檔和好姊妹。有次二人一起完成了一個又急又重大的工作計劃，取得空前的成功，二人都好高興。但 Sammi 發現 Candy 對她的反應和態度大不如前。後來 Candy 升職，總愛針對 Sammi，常挑她的不是，特地分派一些特別難特別急的任務給她。Candy 甚至試過搶走 Sammi 的客戶，暗地裏向客户説 Sammi 的不是。原來在二人一起做之前的工作計劃時，客户總留意 Sammi 多於 Candy，使 Candy 感到不是味兒。後來 Sammi 獨力完成一項計劃，很得同事讚賞，而這計劃是正 Candy 夢寐以求的。這種種使 Candy 對 Sammi 種下極深的忌恨。甚至每次上司給 Sammi 一些進修或公幹機會時，Candy 都會向上司哭鬧或要求同樣待遇，連上司都感到極其為難。最終姐妹反目，二人情緒都受極大困擾，先後辭職。

阿德勒說「**一切行動都有對象**」，妒忌關乎他人，不過這個他人絕不會是與自己無相干的人，而是跟自己有關係的人。例如，沒有人會妒忌李嘉誠太富有，生意搞得那麼大，反而會妒忌跟自己出身差不多的朋友，今天竟然搞起生意，還搞得有聲有色。妒忌心不憤說：「他有什麼本事？他之所以成功，全靠命好吧！」同時，心底也有個羨慕的心暗暗說：「如果我可以像他一樣就好了。」其實，最深一層的他，在想：「我實在很無用！」

你可能說：「我沒有妒忌別人！」然而，細心想，我們有時妒忌了他人而不自知。如果你曾對他人有以下想法，可能你也暗生嫉妒。

別人覺得這個人優秀，我就是看他不順眼。

他之所以成功，因為他的運氣好吧！

看她的樣子洋洋得意！真是不可一世！

他的意見有多好？我都想到吧！只是我不先提出來！

他的想法真的好嗎？這個人的意見我絕不會贊同的。

她只不過家底好，所以才有人巴結她。

他今天的成功，不代表以後都會成功。

羨慕，催迫人上進

羨慕和嫉妒本身是一體的。當然，**一點點羨慕可能是推動力，使人上進。因為羨慕使人產生一份渴望，想得到別人得到的事物；而嫉妒卻是自己得不到，別人也休想得到，內心充滿憎恨。**

籠統地説，帶有自卑情意結的人較傾向羨慕，總是覺得別人好，自己不好；而優越情意結的較傾向妒忌，不稀罕別人的好，以為自己一定會更好。兩者的根源都是比較，看不到自己的好。正如前文提到，一個人看不到自己的好，只會被別人牽着鼻子走，漸漸失去自己。但有時候，我們難以分辨兩者，因為羨慕中會帶點妒忌，而妒忌裏也摻雜羨慕。兩者分割不清，不過共通點都是，只定睛自己沒有或缺乏的地方，懷着虛望，渴想得到自己本來沒有的東西。

妒忌和羨慕反映着兩種情緒、思想和行動。而且，這種心態影響人的價值觀，如何看自己、他人和世界的信念。

	羨慕	妒忌
情緒	沮喪和失望	憤怒和不滿
思想	我不配擁有	我本應擁有
行動	令人退縮	令人爭競

	羨慕	妒忌
個人內心想法	好東西總沒有我的份兒	我總是唔好彩
對他人的想法	他人總是比我幸運	他們不配得到這一切
對世界的想法	上天 / 上帝不喜歡我	上天 / 上帝不公平

嫉妒的結果跟比較有點相近，都是引發強烈的憤怒和埋怨，甚至因自己達不到別人的標準，以致自我討厭，無法辨認自己的特性和長短處，結果也是令人不能自由地做自己。

妒忌使人看自己不順眼。

走火的雙眼

但丁（Dante Alighieri, 1265-1321）在巨著《神曲》（*Divina Commedia*）裏列出七宗死罪，妒忌是其中一宗。他認為妒忌跟貪婪一樣，都是一種因為不能滿足而產生的罪。妒忌會使人看見別人擁有而心生不忿，甚至旁觀別人的不幸。所以，妒忌的人在煉獄裏會被鐵線縫閉雙眼。

以下就是兩個極端的例子。

George 在這間公司已經做了七、八年，似乎升職有望。一天，公司突然被另一間企業收購。而新企業竟然派來了一個管理見習生 Alan，並開始跟隨 George 學習。Alan 是聰明人，學習任何事情都很快上手。George 看着 Alan 感覺不是味兒。

收購後，公司內部需要整合和裁員，每個部門主管都要找人「祭旗」。George 眼見 Alan 的表現如此出色，而且來自母公司，第一時間想炒他，消除這個最大威脅。

George 處心積慮，一直不給 Alan 工作，希望他知難而退。不過，Alan 面皮實在太厚，仍然堅持不放棄。於是，George 再想出新手段，借用別個部門的電腦登入密碼，召 Alan 來，對他說：「你用這個 password 去查一些資料。」Alan 不虞有詐，請 George 先給他一個電郵指示，免得忘記這個密碼。一星期後，人事部和保安部召見 Alan，控告他涉及商業違規，偷取別人的密碼。怎料，Alan 突然拿出 George 的電郵，當面指證他。最後，Alan 吃了「肥雞餐」離開，而 George 卻害人終害己，被辭掉了。

妒忌出於心中的害怕和對自己的不滿。George 害怕失去自己的崗位，也不滿自己不及一位新人 Alan。

Mandy 是個沒自信的女生。高中時，Mandy 已經心儀同班的阿健，不斷製造機會接近他。畢業後，兩人竟然進入同一間公司工作。因為近水樓台，Mandy 的貼身攻勢令阿健看上她，兩人開始拍拖。

不過，公司實在有太多比自己高瘦美的女同事。Mandy 每次看到女同事走近阿健的位子，或者跟阿健合作時，她忍不住不斷留意會否有什麼事發生，阿健有什麼反應，心裏極其不安，當然也沒心機做好工作。上司已經多次給她警告。久而久之，

Mandy 已經是公司裏出名的醋醒，不但成為眾人的笑柄，更令很多同事都怕了和阿健合作。當然阿健也感覺為難，在公司意圖擺脱她。於是，Mandy 更覺得自己不可愛，甚至被阿健冷落。

一次，Mandy 看到阿健與合作多時的女同事寒暄，在幾乎心碎的情況下，把心一橫，走向阿健的位子，大聲指罵他跟旁邊的女同事「有路」，令全辦公室的同事都譁然。老闆得悉後非常憤怒，立即把 Mandy 辭退，而且阿健也沒再找她。

Mandy 害怕失去男朋友，之後幻想出一連串的危機，最後令自己失控。她的危機感源於她沒有自信。

以上兩個故事描述了兩種不同型態的妒忌：

例子	George	Mandy
妒忌性質	原先擁有的被人奪去	羨慕別人擁有而自己缺乏
比較行為	認為失去是因對方比我優勝	證明自己不及人
情緒	自卑	自卑
	自我懷疑和否定	自我懷疑和否定
	恐懼永遠失去	恐懼永遠沒法得到
	猜疑	苦澀
	憤怒	憤怒
對他人的看法	敵人、競爭者	
行動	爭取、破壞、報復、自暴自棄	

知足的自由

俗語這樣描述妒忌：「憎人富貴嫌人窮」，或者：「吃不到的葡萄是酸的」。有些人總是看見「別人有而自己冇」的東西，之後諸多投訴和埋怨。例如，別人的家人代付首期，就說這人靠「父幹」；別人儲夠首期，和家人一起供樓，就說是靠家人；女生指望男友買樓，就説這女生是港女；如果女生薪金高過男友，又説這男生吃軟飯；別人多儲錢而少消費，就説別人沒人生樂趣；眼看有人因投資致富，就説這些人投機，搞壞香港經濟……

其實每個人都有自己可以擁有和掌握的東西。不過，人往往以為「隔離飯香」，不懂珍惜自己所有，只盯着別人的一碗飯，然後埋怨，總是帶着偏見和不快樂。

妒忌的相反是欣賞。有否想過，你擁有的東西不是理所當然的，都是透過共享和共創的，每一個人的成功都由不同人在不同部分努力而得來。由此，人可以看出自己和別人的美，活得快樂。勇氣就是能欣賞和感謝別人，並且承認和接納自己的缺欠，沒有就是沒有，沒什麼大不了。**一個做自己的人根本不用比較，知道自己的獨特之處，可以自如地表現和表達自己**。自己擁有的，懂珍惜，沒有的，也不妒忌。而且，他可以替別人的成就而高興和慶賀。內心有一份同理心，感受他人的喜悦。

朋友，你發現一直推動着你的動力，是一份覺得自己不及別人的不甘心，還是自己所定的目標呢？而你所定的目標，是根據你個人的能力和限制，還是因應別人的成就而定？

活在妒忌下，無法看到自己擁有的美好。

做自己　這裏開始

你有妒忌心嗎？

請寫下每題的答案，之後再統計一下。根據你的實際情況誠實作答：

1. 你在上班的路上拾到一個錢包，裏面裝有 100 元，你交給了警察。這件事很少人知道，你會怎麼辦呢？

   A. 逢人便講，讓更多人知道你做了一件好事。

   B. 想讓更多人知道，但不好意思開口，說給人聽時會有點分寸。

   C. 認為這件事是該做的，沒必要告訴人，只是當有人問及時才提一下。

2. 在班會上，一個成績比你差的同學，提出比你高明的意見，你心裏雖然贊同，但當其他人詢問你的看法時，你：

   A. 按下不表，下課後到處說他 / 她壞話。

   B. 說這個意見不好，設法提出自己的意見。

   C. 內心雖有點不自在，但表示贊同。

3. 你的同事最近因工作出色成為模範並加工資，你收到消息後：

A. 發牢騷，或公開或暗地説他 / 她閒言。

B. 心中不服氣，暗裏跟其他人透露，借他人的口攻擊同事。

C. 向他 / 她祝賀。

4. 考試在即，一位平時和你成績不相上下的同學來請教你一道問題。你本來能解答，但你估計此題可能是這次考試的內容之一，這時你：

A. 告訴他 / 她一個比較籠統概略的解題方法。

B. 你仔細告訴他 / 她解題捷徑，並説這道題可能是這次考試的試題。

C. 訛稱不會做，並誤導他 / 她這次考試也許不會考此類題目。

5. 你和戀人初約會，迎面走來一位你熟悉的同性朋友，他 / 她的外貌漂亮、瀟灑，使你自慚不如，這時你：

A. 別過臉，假裝沒瞅見或遠遠躲開。

B. 熱情打招呼，並將戀人介紹給朋友。

C. 只和朋友講話，不介紹戀人給朋友，當朋友走後告訴戀人：「這人心眼不怎麼的。」

6. 你在辦公室有一個比你能力強、威信高的下屬，你如何對待他／她：

A. 不冷不熱，一視同仁。

B. 創造條件使他／她擔負責任。

C. 想盡辦法冷落他／她。

7. 一位不如你漂亮的女生正和一位相貌堂堂的男生談情說愛，你：

A. 由衷地祝賀她找到好對象。

B. 認為這男生沒眼光。

C. 毫不介意。

8. 你是一位經理，你對待下屬的獎懲依據是：

A. 工作成績。

B. 與自己的親疏。

C. 二者兼有。

9. 你的朋友最近穿了一件時髦的服裝，洋洋得意，你從心裏覺得挺美，如果她問你這件衣服款式如何，你說：

A. 真不錯，我也要買一件。

B. 你並不明確表態，可心裏卻說：看你可以有多美，有什麼了不起。

C. 好是好，就是太艷了，我可穿不出。

10. 工作間有一個能力和你不相上下的同事，你感到她 / 他是你的競爭對手，有一天她 / 他突然遭逢不幸，你：

A. 認為這太不幸了。

B. 認為上帝總算懲罰了她 / 他。

C. 為他 / 她惋惜。

11. 你眼前有一面鏡子、一把梳子和一雙鞋，這些東西價格相差不多，你想買哪一種，請你從 A、B、C 中選擇一件。

A. 鏡子。

B. 梳子。

C. 鞋子。

12. 一對男女正在跳舞，聽到誰喊了聲：「好痛！」你認為發生了什麼回事？

A. 女生踩了男生一腳。

B. 男生踩了女生一下。

C. 男生分神盯着旁邊一位女生，被舞伴掐了一下。

13. 和你要好的同性朋友給情人甩了，心中很難受地向你訴説，你：

A. 勸慰他 / 她。

B. 認為他 / 她的情人太任性放肆了。

C. 認為他 / 她被甩了，肯定是有什麼原因，沒法子。

14. 你親眼看到你所愛的人正和另一位比你漂亮的人一起走着，你：

A. 裝作看不見走過去。

B. 嘲弄他們一番。

C. 插進去對他 / 她説：把這位朋友介紹一下！

15. 你愛戴的明星的周圍，簇擁着許多人，要求為他們簽名留念，你看到時會怎樣做？

A. 擠進去也請明星給你簽名。

B. 站在遠處看會兒熱鬧。

C. 感到沒有這種必要，轉身走開。

16. 你喜歡的人，忘了你的生日，你會怎樣告訴他 / 她呢？

A. 向他 / 她講明：今天是我的生日。

B. 沒法子，就算了。

C. 發脾氣。

17. 你看到一位不如你漂亮、有魅力的人，正興奮地和一位漂亮的異性談着話。你：

A. 認為他 / 她沒眼光。

B. 真令人羨慕。

C. 毫不介意，滿不在乎。

18. 你被朋友刁難奚落了一番，你會怎樣？

A. 在什麼時候也刁難對方一下。

B. 感到委屈而哭泣。

C. 決定和這種人斷交。

19. 有人在學校門前和誰在講話，但你看不到對方。你認為是對方正和誰講話呢？

A. 老師。

B. 同性。

C. 異性。

20. 如果你有個狹小的花瓶，你會插多少支花？

A. 三枝。

B. 兩枝。

C. 許多。

計分方法：

按每條題目的ＡＢＣ答案，依以下排列計分。

1、 1 3 5	11、3 5 1
2、 1 3 5	12、5 3 1
3、 1 3 5	13、3 1 5
4、 3 5 1	14、5 3 1
5、 3 5 1	15、3 5 1
6、 3 5 1	16、3 5 1
7、 5 1 3	17、3 1 5
8、 5 1 3	18、1 3 5
9、 5 1 3	19、1 5 3
10、5 1 3	20、3 5 1

結果分析：

20-34 分：嫉妒心強烈型

你極其容易產生嫉妒心理，而且相當敏感，看到你喜歡的人正和其他異性在一起，就會按捺不住嫉妒心情，並且設法向對方報復。

35-50 分：嫉妒心理適度型

你的嫉妒表現似採用撒嬌的辦法擺佈他人，如果能夠適量使用，也無可厚非。如果過多，會招人討厭。

51-66 分：一般嫉妒型

你平時很少讓別人察覺你的嫉妒心理，總是自我感到滿足。不過，平時雖少嫉妒，關鍵時刻也會產生極其嫉妒的心理。你的嫉妒呈陰性反應，要注意控制。

67-82 分：冷靜爽快型

你的嫉妒是不記掛在心的爽快型。對方和誰講話都不在乎，對自己抱有自信，認為嫉妒是愚蠢的表現，是不體面的。這種人精明能幹，考慮問題時頭腦很冷靜。

83-100 分：嚴肅認真型

你的嫉妒使異性感到可怕。你絕對不會幹傻事，也不允許別人幹傻事。起初，愛上一個人時，你會為他竭盡全力，對其他人不屑一顧。可是，如果你發現心愛的人竟然去向其他異性獻殷勤的話，你是絕對不會饒恕他的。

出處：http://site.douban.com/120314/widget/notes/3690854/note/179054290/

4

阿德勒的社羣意識

在進入下半部以前，先認識阿德勒其中一個核心思想：社羣意識。

社羣意識

社羣意識，德文是 gemeinschaftsgefühl，以 gemeinschafts，即社羣或鄰舍，和 gefühl，即感受或意識，二字合成。阿德勒認為個體心理的健康狀態是要有社羣意識。這個觀念巧妙地綜合了接下來幾章的信息，即是由個人層面進到社會層面。

社羣意識是指我們在家庭、社會、職場等羣體中的真正歸屬感。什麼是真正的歸屬感？不要以為討好對方，融入羣體，尋求認同就是歸屬感。**真正的歸屬感是在羣體中，人敢於展露不完美、與別不同的地方，呈現自己真實一面**。由此，人可以放下個人成見、恐懼和自私，與他人產生同理心、信任、合作和貢獻。

這種合作性、共享性的社會意識由個人延伸到羣體，由羣體回到個人，適用於人際關係、職場關係、生命規劃等範疇。人生活在這種共享的關係中，能獲取滿足感和被認同、被接納的感覺。

社羣意識最簡潔的解釋是：自我接納、連結他人和與人共享（或作貢獻他人），三者互為關係。

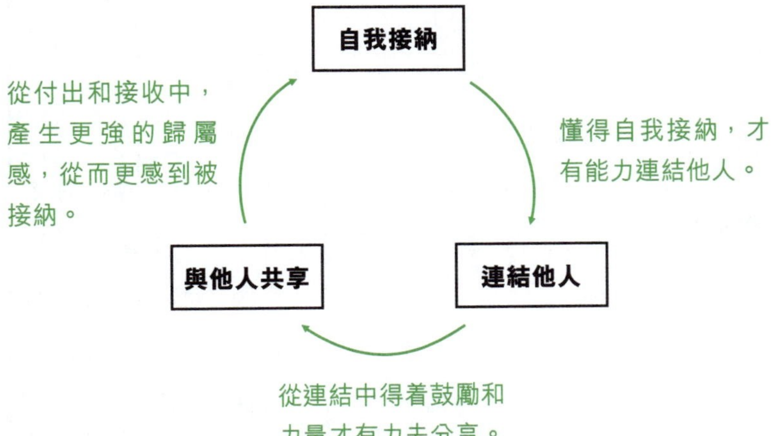

以下是一個精簡的圖表，說明人與人健康地連結起來時的效果。

	自卑的人	有勇氣的人
自我接納	●不相信自己有能力，不信別人看見自己的能力；	●相信自己的能力、責任和歸屬；
	●不能平等地看待自己和他人，不懂尊重。	●能平等地看待自己和他人，懂得尊重。
連結他人	●對別人缺乏信心，處處懷疑別人動機；	●先對自己和他人有信心；
	●視他人為競爭者，以為他人會奪去自己的東西；	●視他人為可合作的夥伴，因為認識到彼此不同，可以互相配合；
	●找不到人與人的共通點，只看見矛盾。	●看到他人與自己有相似的共同目標。
與人共享	●自己沒有東西值得分享；	●自己有很多別人沒有的特質和長處可以分享；
	●找不出別人的好，只會嫉妒；	●找得出別人的好，懂得欣賞；

	●向別人要求甚於付出，分享代表失去；	●為別人付出甚於要求，分享代表將會擁有更多；
	●不敢向人承認自己的軟弱和懼怕。	●放膽向人承認自己的軟弱和懼怕。

從5至6章，我們將會談到如何接納自己，並學習從關係中分辨自己，這樣有助人在紛亂的關係中自我肯定，有力量以真實面目和他人連結，繼而信任他人、付出和貢獻。這是一個持續不斷的循環過程。

建立「從我到我們」的社會

很多人指責香港人很自私。我想，香港人是天生自私的麼？可能吧，有些人因為過去經歷過別人的漠視，心想：「別人都不幫助我，我為何要幫助人？」所以人沒法學到「為別人着想」。如果每個人都存心「不為別人着想」，這個社會變成怎樣呢？

每當我到訪西方國家，在路上總碰到人主動向我微笑，我就不吝嗇、不怕尷尬地回報微笑，在香港就難有這情況出現。可能我們認為這樣做很奇怪，結果每個人都不願意踏出第一步。

日本的愛知縣過去每年交通意外「死亡率」冠絕全國，政府想出了一個方法，鼓勵市民見到有司機做得妥當，譬如停車熄匙，就上前讚賞一番。經過一段日子，交通意外率真的下降了。這不單是一種生活模式的轉變，其實也是一種價值觀的改變。

不要輕看你微小的一舉一動。每天為自己做一件不一樣的小事，就可以慢慢建立你的自我。每人只要做一件小事，合起來就成了大改變。一個人的影響力雖小，但每個人都做一分，就可能發動一種「為他人」的精神。這就是從我到我們，由做自己到為他人的精神。

三股做自己的勇氣

阿德勒認為，所有心理問題都是「人際關係」的問題。人際關係問題當然與人有關，同時也關乎人本身。**所以，要勇敢地做自己，必先要了解「個人看法」如何影響「人與人的互動」，而「人與人的互動」又如何影響「個人看法」。**

接着三章會介紹三股「從內而外」，又「由外而內」，幫助你做自己的勇氣，令你有力量走出困局，自由地做自己。三股勇氣分別是：

1. 接納自我的勇氣

- 發現自己獨一無二
- 勇於面對過去的失敗
- 敢去計劃將來

2. 連結他人的勇氣

- 與人分辨
- 與人情感連結

3. 連結上帝的勇氣

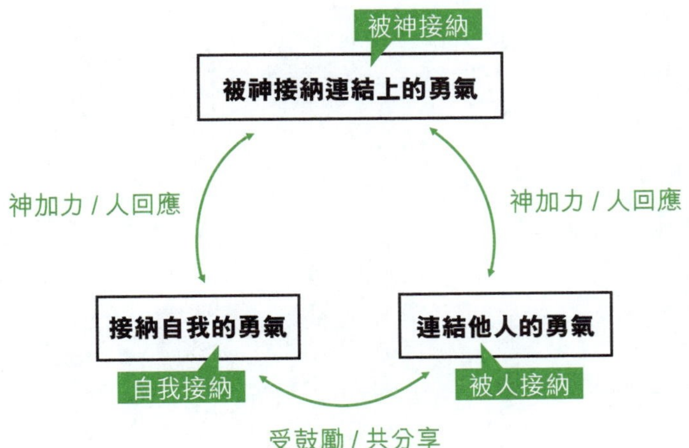

5

做自己，請鼓起勇氣

— 發現自己的勇氣

— 面對過去挫敗的勇氣

— 敢於迎向未來

發現自己的勇氣

前文提過，自卑情意結的人過分貶低自己，覺得自己什麼都無能為力，而優越情意結的人卻過分高估自己。無論自卑抑或自大，都關乎一個人不能誠實、中肯地評價自己，也有如看不清自己一樣，一是以為自己極差，一是以為自己極厲害。在對個人的觀感模糊不清的情況下，他們試圖透過別人目光和比較發現自我，可惜徒勞無功。無法看清自己，也就無法追求真正重視的事物，又或者不知怎樣自我滿足，試問又怎能做自己呢？他們不過過着不真實的生活，或者活在別人影子之下。

做自己的第一步，就是學會「看自己合乎中度」，即是中肯地評價自己。這其實不容易，認識和評價自己的過程很複雜，當中涉及很多因素，例如性格、家庭、教育、傳媒、朋輩、宗教、社會價值觀等。要突破這些影響，需要一份勇氣豁出去，重新辨認個人的價值和定位。

你是獨一無二的

今天很多人都談論競爭力。談論競爭優勢，就是與別人比較，來判斷自己有多優秀，或者多落後。每當被比下去固然不好受，即使比得上，又會再與另一個更優秀的對象比較，最終令自己痛苦。

中肯的評價，來自認清自己的獨特一面，即是你是你，而你與人不同。

什麼是你的優勢？你的優勢是你的獨特之處。**世上沒有另一個你，沒有人可以真正取代你。只有你才可以做適合你做的事。**你可能說，我只是個老師，跟其他老師沒分別；分別只是一些老師比你早入職，薪金比你高。錯了！如果你問問學生，你與其他老師有什麼不同，他們會對你說，從你教學上、言行上、愛心上經驗到什麼，這是與其他人不同。只有你這位老師，才可以給予學生這些「東西」。我中學畢業多年，如果問我記起什麼，我只會記起中文老師說過她的故事以及做人態度；至於中文知識，大概都煙消雲散。

哈佛大學在取錄學生時，有一套意想不到的標準，例如哥哥和弟弟的成績和課外活動都一樣優秀，取錄哥哥，卻不一定取錄弟弟，理由是：「我們不需要兩個一模一樣的優秀人才。」

被埋沒的雕像

每一個人都有其優秀的地方！你無法看出個人優秀之處，只因你未發現而已。

1464 年，當時著名的意大利雕刻家多納泰羅（Donatello, 1386-1466）簽約要完成一座偉大的石像。他在阿爾卑斯山卡拉拉採石場找到一塊非常巨大的白色大理石，並開始雕出下肢、軀幹和衣着的大概形狀。但不知為何，他沒有繼續雕刻下去。1466 年多納泰羅去世，留下了未完成的石塊。石頭一直被冷落。之後，有人將著名的達芬奇及其他有名的雕刻家帶到大石面前，可惜他們都對它沒有興趣，認為這石塊不是雕刻的好材料。

30 多年後，1501 年，有一位 26 歲的年輕雕刻家發現了它，就驚歎它的美麗，並且對它說：「我要將大石裏面的天使釋放出來。」於是他只花了四年時間，就雕刻出藝術史上舉世聞名的偉大作品，名叫「大衛像」。而這位雕刻家就是大名鼎鼎的米高安哲奴（Michelangelo, 1475-1564）。

這個故事説出一個道理，只有米高安哲奴看出大理石裏的靈魂，看出它的潛質，而且把它的潛質發揮得淋漓盡致。今天，你可以像米高安哲奴一樣發掘自己獨有的特質嗎？還是只看到自己有否達到主流標準呢？如果你沒花時間和精神在自己身上「尋寶」，尋找生命中的寶物，就一定會「走寶」。其實每個人裏面都有一個天使，有待釋放出來。你就是自己最好的雕刻家。

展開尋寶之旅

請想像自己是一個未開發的寶藏，學習在自己身上尋寶。很多人評估自己時，都以能力開始，往往忽略了自己的特質。特質並不局限在現時的學業和事業成就上，也包括過去的經歷、個人興趣、喜好、人際關係等。

花點時間想想，也去回憶別人曾對你直接或間接的回應和評價。當然有些是明顯的，但也不要忽略不明顯的。有時我們太大意，把一些細節都忘掉了。

	身上尋寶
身體、體能或外形	例：個子高、五觀端正
性格、氣質	例：開朗、不愛生事
情緒	例：溫和、愛恨分明
待人接物	例：樂於助人、與世無爭
思考方式	例：先思想後行動
處事方式	例：慢條斯理
學習方式	例：一步一步學
信念 / 信仰	例：助人為快樂之本、凡事包容

再次觀察你的優點，有什麼優勢還可加以發揮？不妨與五位你信任的人，例如家人、長輩、老師或朋友分享，邀請他們補充你的發現，看看會否發現更多？

做自己，先學會在自己身上尋寶！

另眼看自己

如果你覺得以上練習很困難，慨歎:「我沒有什麼優秀地方。」這可能反映你沒法擁抱原有的性格和特質。要活出自己的人生，先要學會欣賞自己。所以，你要學習對自己另眼相看。

性格是相對的，沒有絕對的好壞之別，例如外向相對是內向，率直相對是謹慎。不過，很多人只覺得某些性格和能力特質才算有用，才算優秀，例如外向比內向好，口若懸河比寡言好，做事快比做事慢好。

為何人只懂欣賞某方面的特質呢？很多人一直被一些價值觀、標準和偏見所影響。自小，父母可能會催促你吃飯要快一點，老師可能會叫你多表達……他們不自覺將一些既定的價值觀灌輸給我們，或者引導我們認識怎樣做才會得到肯定。不過，我們要學會分辨哪些價值觀值得參考，哪些是危言聳聽。

人本質上應該是喜歡自己的，這是生存的本能。可是，人因為那些既定的價值觀影響，只認定某一些是好，某一些不好。一旦你被評為不好，自然覺得自己一無是處。

Mandy 天生性格文靜，愛思想。可是在成長中，父母吩咐她，要多說話，否則別人會覺得她是啞巴。上學時，老師向她發問，見她說話前要花很多時間思想，就認定她不懂回答。因此，她漸漸「學習」強迫自己裝作健談，對人亂找話題，反而令人難以明白她想說什麼。而她也感覺活得很辛苦，因為這不是原本的自己。

Mandy 因為別人的批評，被迫裝出另一個「我」，不能擁抱真正的自己，或自己某些部分，無法發揮天性的特點，無法按個人長處生活，硬要展示自己不擅長的一面。其實，每個人都要懂得分辨誰是真正的自己，誰是「人前」的自己，或者是「做給別人看」的自己。

換一個框

如果你真的不喜歡自己某些個性特質，怎麼辦？這裏介紹一種視點稱為「易框重塑」(reframing)。

每個人有如一幅畫，由兩個部分組成：一是畫作（行為、表現），二是畫框（看法、角度)。畫繪成之後便不能改變，但畫框卻不同，有很多選擇和可能性。你有時看自己不順眼，感覺這幅

「畫」不漂亮，但是漂亮與否，在於你為它鑲上怎樣的畫框。金色的畫框讓它閃耀，銀色的讓它明亮，而黑色的卻令它暗淡無光。你用什麼態度為自己裝上怎樣的畫框，影響你如何看自己。

凡事有兩面。我們通常看事物只習慣看一面，例如慢吞吞的是沒效率，而未看到另一面，這是慢條斯理，淡淡定定，容易發現事情的細節。表面上，你看到自己的「缺點」，但這個缺點卻可能帶來優勢。

> 世界百一米跨欄冠軍劉翔，小時候接受跳高訓練，一心成為國家級跳高選手。可惜，經過骨骼測試後，教練斷定他在跳高方面難成大器。但他沒因此放棄體育夢。教練孫海平賞識他過人的速度和節奏感，加上之前跳高的跳躍鍛練，正是跨欄的好材料（當時跨欄尚未成為國家重點項目）。劉翔了解個人的特點，沒有走別人的路，最後選上了跨欄，跨欄也選上了他。

劉翔並沒有跳高的體格，大有理由放棄。幸好，不是跳高的體格的他，卻是跨欄的好材料，他轉為專攻跨欄，最後成了大器。

你看出個人「缺點」的另一面嗎？以下是一些例子。

一般見解	暗淡的畫框	亮麗的畫框
要懂交際才會成功。	慢熱又不善社交。	你為人沉着，深思熟慮。
做事要快才算有效率。	猶豫不決。	為人謹慎，不會妄下定論。
不專注，註定不能成大事。	缺乏專注力。	可以 multi-tasking，愛探索。
職場上生存一定要強要狠。	不善於拒絕。	宅心仁厚。
有口才代表聰明。	不善表達。	善於聆聽。
外向才會成功。	內向。	感情細膩，觀察力強。
讀書成績是找工作的唯一條件。	學業成績差。	有機會發展其他方面的才藝，如工藝或體育。
要聲線甜美才唱得好歌。	聲線不夠甜美。	有男中音或女中音的天分。
高個子一定比其他人優秀。	個子不高。	穿起某類衣服會更好看，而且對某類運動會更靈活。

做好你的本分

寫到這一章時，心裏突然湧起一個念頭：「相比其他知名作者或心理學家，我寫的東西算得什麼？沒有特色，理論不夠偉大，參考書目不算多，很多東西前人已經説過，哪會有人去買去讀？」很想放棄，不如在這裏擱筆，把稿件留念，永遠不要出版。

我停下來，歎了一口氣，之後再想：「我真的沒有自己的特色？我的特色正是理論不多，用實際的方式説話，希望讓人感到『落地』和生活化。」這時候，本來戚戚然的感覺漸漸緩和。接着，我想起曾經和一個朋友的對話。

我説：「我寫的書沒有什麼特色，沒幾多人會看。」

他説：「那你為何要寫這本書？」

我説：「我想年輕人可以做自己。」

他説：「你覺得你的書可以幫到至少一個讀者嗎？」

我説：「嗯……如果是一個讀者，應該還可以。多，就説不上了。」

他說：「那你值得繼續寫下去。」

朋友這番話非常感動我，使我覺得自己還有價值，想起過去曾經有其他人和讀者的鼓勵，也想起寫這本書的初衷，就是我的熱誠（passion）所在，動力又再次燃起。一份肯定，由外至內，也由內至外。**沒有人可以獲取所有人的掌聲，只要你得到一個人的掌聲，只要有一個人得益，只要你的工作還有一丁點滿足，只要你的朋友仍然支持你，已經足夠叫你繼續努力下去。**

欣賞自己的勇氣

一個人有優點也有缺點。一旦發現缺點怎辦？有缺點，可改變的當然加以改善，但有些缺點是不可改變的，則表示你要接納，放棄一些執著。這正是最初所說的中肯看自己。我從小有一個缺點，就是手工技術很差：剪紙會剪歪、砌模型會砌得別扭、用花紙包禮物都會包得不像樣……以前我會為此而不忿失落。後來，我想通了！沒有人多才多藝至近乎萬能，我要接納自己做手工藝差的現實，做出來的東西的確不好看，又或找人家幫忙。從此，心情自然好起來。

欣賞自己，是對自己的肯定，是一種美德。

換另一個説法，看見自己的獨特，需要勇氣，這是一份接納，接納自己的「份」。意思是上天造一個獨特的你，使你能夠做什麼，不能夠做什麼，而你要學會辨別這樣的我，適合哪一種定位，應放在哪一個位置最合適，最能揮灑自如。這是你的「本分」。

有一位猶太教的拉比（老師）死後上天堂，在天堂門口遇見上帝。上帝不會問他一生裏，是否已經成功地做了偉大的先知如摩西或者以賽亞的角色，而是問：「你做好了自己嗎？」**做自己的意思，就是做好你的「本分」——從你的獨特中，找出你的份，並且做得恰如其分。**

找出適合自己的位置，才是你的本分。

做自己 這裏開始

羅斯伯自尊感量表（Rosenberg Self-esteem Scale）

自尊感（self-esteem）意思是「評估」。Esteem 這個字與 Estimate（評估）屬同一字源，原有鑄造銅幣的意思，表達對價值的評估，自尊感意思是自我價值評估。

以下句子形容你對自己的感受，請選擇適合你的答案。

1. 我覺得自己是有價值的人，起碼與其他人一樣。 很同意 / 同意 / 不同意 / 很不同意
2. 我覺得自己總有些優點。 很同意 / 同意 / 不同意 / 很不同意
3. 整體上，我傾向覺得自己是個失敗者。 很同意 / 同意 / 不同意 / 很不同意
4. 我能夠與大部分人有一樣的表現。 很同意 / 同意 / 不同意 / 很不同意

5. 我認為自己沒有太多地方值得自豪。 **很同意 / 同意 / 不同意 / 很不同意**

6. 我以正面的態度看待自己。 **很同意 / 同意 / 不同意 / 很不同意**

7. 整體上，我滿意自己。 **很同意 / 同意 / 不同意 / 很不同意**

8. 我希望自己能夠尊重自己多一點。 **很同意 / 同意 / 不同意 / 很不同意**

9. 我感覺自己有時一無是處。 **很同意 / 同意 / 不同意 / 很不同意**

10. 有時，我認為自己一點都不好。 **很同意 / 同意 / 不同意 / 很不同意**

計分方法：

第 1、2、4、6 和 7 項：很同意：3 分；同意：2 分；不同意：1 分；很不同意：0 分。
第 3、5、8、9 和 10 項：很同意：0 分；同意：1 分；不同意：2 分；很不同意：3 分。

結果分析：

26 分或以上的人非常自信，15-25 分之間是正常，而 14 分或以下的人自尊感較弱，甚至自卑。

做自己 這裏開始

自尊與回憶

看見以下的描述，你可能憶起不少過去或最近的人生片段。請你整理一下，回想過去與現在，你如何評估或形容自己，同時勾起你什麼主要回憶？

正 / 負評估	童年	現在
例子：我是可愛的 / 我不太可愛。	不可愛：父母從無讚賞過我，同學總不會主動與我交談。	不太可愛：要不是我努力表現，朋友都未必喜歡我。
我總被人欣賞 / 我很難被人欣賞。		
我的話多數有人聆聽和接受 / 我的話往往沒有人聆聽和接受。		

正／負評估	童年	現在
我很有價值／我不太有價值。		
我確定自己的位置／我不確定自己的位置。		
我甚具才能／我不太具才能。		
我有我的重要性／我沒甚重要性可言。		

做自己 這裏開始

換個角度看自己

你可以套用下表，寫上自己的缺點，並嘗試視缺點為獨特之處嗎？如果你不太肯定自己的獨特之處，可以問問你信任的人吧！

一般見解	暗淡的畫框	亮麗的畫框
要懂交際才會成功。	慢熱又不善社交。	你為人沉着，深思熟慮。

面對過去挫敗的勇氣

上一章提醒你鼓起勇氣發掘個人獨特一面，並學習欣賞和接納自己，中肯地評價自己，不用勉強做一個「不是自己」的你。

第 3 章提過，人無法活出真我，除了是對自己的看法偏差，也因對外界的回應。當人認定自己的際遇，滿佈失敗和挫折，無論從哪個角度看，怎也看不出生命有什麼美好的地方。他們又需要一種怎樣的勇氣？

阿德勒說：「**唯有鼓起勇氣以有益的方式生存的人，才能體會到自己是整全生命的一部分，並在世界人羣中自在地生活。**」阿德勒的個體心理學提醒我們要看生命是一個「整體」，生命每個部分都不能分割。

把生命的歷史串連起來，將記憶中美好的部分和幽暗的部分，統統整合過來，以勇氣尋找當中的意義，拼合出來的圖像才是「完整」的自己。人不是只得「當下」，每個人都有過去，是有歷史的個體。第 3 章提到人受過去不愉快不光彩的經歷影響，只聚焦灰暗的片段，變得悲觀。這樣的人更要學習從過去的經歷，重新整理不同的片段，重整生命，看出過去的光彩和意義。

人生不是一連串的點、一連串的剎那，而是可以連成為一條線。喬布斯在史丹福大學畢業禮演講上曾說：「你無法連接期待將來的『點』；你只能連接起生命的『點』回頭來看。你必須相信這些『點』會在你未來的生命中串聯起來。」

所以，請你鼓起勇氣面對過去，串連生命中每一點，看看它們組成怎樣的大圖畫，發現當中對自己的獨特意義、渴想和目標，重尋獨特的自己；這樣才能讓「當下」的生活更充實。

負面歷史帶來負面結論

首先，要認識為何有些人總看到人生一敗塗地的一面呢？

阿德勒說：「記憶代表了他的生命故事。」人主要靠組織自己的記憶而給自己結論和定位。他說：「人從他接收到多得無可計算的印象中選出記憶，但只選出那些他覺得對他的處境有重要性的東西。」這說明人有主觀性的選擇記憶，即使幾個朋友一起去看電影，也有可能因大家留意不同的情節而得出不同的感受或結論，從而喜歡或討厭一齣電影。在個人評價方面，人則會選擇所謂重要的，就是那些跟他個人優點和限制、當下的人和事、環境和經歷可以產生關係和意義的東西，從而評定自己有多優秀或有多無能。

數學天分不算高的Benny，加上父母不懂得教，自從小學開始已覺數學很困難。每次面對數學，只會想起不及格、被父母催逼、被老師強迫做練習等經歷。結果，愈來愈感挫敗。他因此得出結論：「原來有些事，無論我多努力都不會做到的。」從此，他對於其他科目也感到懼怕，甚至開始害怕面對有挑戰性的事情，不敢嘗試新事物。

Benny選擇有關數學的「壞」記憶，給自己找原因：「我做不好功課，因為我蠢吧！」有了「蠢」這個標籤，以後面對任何事都以此為理由輕易放棄，不想再受煎熬。有自卑或優越情意結的人容易選取有關挫敗沮喪和個人缺憾的記憶，然後認定自己很不濟，就像前文提過如自編自導自演一場悲劇般，寫下悲觀的預言。

記憶可以選擇，尤其是記憶的顏色。

尋找生命中的光明面

一次我在輔導室遇上 Grace。初見面，她向我細說一連串挫敗的故事：

> Grace 外表平庸，小學和中學成績不突出，中五會考前，父母和她討論升學問題。當時，她要決定留港參加會考還是往外國升學。她非常害怕考試，最後選擇出國。怎料，因英文成績不好，加上適應問題，整體成績不見起色，也沒有心機讀下去。而且學校所處的地方較少亞洲人，西方人又通常不會跟亞洲人交往，所以她一直都交不到朋友，每天只有上網跟人閒聊。
>
> 回港後，她輾轉做過幾份普通的文職工作，每份工作都待不上一年，不是感覺悶，就是沒晉升機會。她曾經交過幾個男朋友，但男朋友總是嫌棄她不成熟，最終每段感情都無疾而終。她心底裏常常問：「究竟我發生什麼事？為何我做任何事都如此失敗！」她一直懷疑自己的能力和後悔過去每個決定。

很多人都採取選擇性記憶，只喜歡回想一些挫敗的經歷，或者比較深刻的經歷。**消極悲觀的人過分在意「經歷什麼」，而沒有想到「如何看待」那些經歷。**

Grace 看待自己經歷的方式是，將生命中無數的挫敗串連在一起，由此得出一個結論：「我沒有能力」和「我沒有前途」，她的自我、自尊和盼望盡毀。她看到有關自己的事物都是灰暗的，對將來沒有一絲希望。挫敗的故事伴隨着消極悲觀的態度，把自己推上連綿不斷的灰暗軌迹。

如果生命可以重來……

如果她在人生經歷中，鼓起勇氣，又是怎樣呢？她可以再仔細看待過去。

於是，我問她：「請你仔細回想，生命曾有令你滿足快樂，表現你熱誠的經歷嗎？」

最初，她說有確是有的，不過它們都不太重要。但我堅持它們未必不重要，請她儘管說出來。她慢慢開始……

一次，Grace 參加朋友的 potluck 派對，每個人都要親手預備一款菜式。她在外國生活時曾經學習過的一道菜式，於是下廚泡製。怎料，每個人吃後都讚不絕口，問她是否經常下廚。這一刻，她想起當年在外國空閒時間多，所以常常下廚，甚至創作一些新款菜式。間中，她會帶點小吃回學校給同學吃。曾經有幾位同學都讚好。這幾位同學來自非洲和中東，她們雖然不太受人歡迎，但為人親切開朗。Grace驟然發現原來一直忽略了這幾位朋友。

不斷擁抱自己的挫敗其實是一種執著，也讓她一直忽略了生命也可能有光明的片段。她從整體角度看人生，會看到光明和灰暗的地方。**當 Grace 放下執著，開始回憶光明的經驗，發現她都有滿足的地方和一些久違了的朋友。這就是「如何看待」經歷。**於是，我鼓勵她朝光明面去走，例如主動聯絡這幾位朋友。

於是，Grace鼓起勇氣主動在Facebook搜尋她們，再次跟她們連繫上，並且相約她們聖誕節來港旅行兼敍舊，這次相聚給她很大滿足感。Grace積極泡製不同菜式，與其他朋友同事分享。萬料不到，美食成為她與其他人的最佳連繫。久而久之，朋友都給她綽號「美女廚神」，也鼓勵她一面學烹飪，一面計劃創業。她雖然有點猶豫，卻開始感覺人生還有希望。

當她的美好被人發現時（更重要是被自己發現），情況開始不同。她明白昔日賦閒在家的時間並沒有白費，學會了烹飪，也記起幾位曾經同病相憐的好同學。**她的「不好」與自己的「好」可以連接起來。沒有「不好」，不可能發現出「好」在哪兒。**

可能你會問，這會否只是阿 Q 精神呢？其實，意義是生命的推動力，人要發現意義才會相信自己所做的事有價值。心理學家指出我們的大腦為了察覺出模式，會不斷調整，給抽象和隨機的事物賦予意義。例如，人通常會把浮雲或石頭想像為動物形狀，在物件上的污迹或圖案上看見圖像或其他神靈。大腦的設計幫助我們認知環境中有意義的模式，而對於有意義的模式的渴望，會逐漸轉變成對生命意義的渴望。這正是一種「如何看待」經歷的狀況。

尋找你的生命意義

阿德勒認為人會組織記憶以建立生命的意義。當我們能夠中肯地整合自己的經歷，才可以找出生命的正面意義，以及認識自己。傳統的智慧説明：失敗乃成功之母，我們可以從失敗中學習，從失敗中找到對當下的意義。

第一步：

先從每件失敗事件中找出一些光明面，這些光明面可以是你學習的地方，或者對你或他人產生的意義，先以 Grace 的故事為例。

挫敗事件 →	光明面
在本地學業成績平庸	● 有機會出國讀書，見識外國生活，多點自由。 ● 讓父母可以安心。
生活比較無聊和清閒	● 有空學習烹飪，別人可以享受她的廚藝。
在外國朋友不多	● 認識幾位相依為命，同病相憐的朋友。
轉過幾份工作	● 累積不同工作經驗，了解自己適合什麼，建立了一些同事關係。
換過幾個男友	● 曾經愛過痛過，學習如何去愛和被愛。

第二步：

從發現的光明面之中，找出你內心的渴求，藉着你重視什麼，反映你是怎樣一個人（本質）。

光明面 →	內心渴求 →	自己是個怎樣的人
有機會出國讀書。	對讀書興趣不大。	成就不是太重要，比較重視關係。
有空學習烹飪。	有一種使人受益的長處就足夠。	很喜歡廚藝，原來不一定要賺錢的事才有意義。
認識幾位相依為命的同學。	朋友不用多，只要幾個知心的。	喜歡深交的友誼。
累積不同工作經驗。	沒事業心，只需一份穩定工作；同事關係更要緊。	重視關係多於事業有成。
曾經愛過。	以前相信夢中情人這回事，現在成熟了，一個可靠的男人更重要。	原來一個價值觀相近，能溝通的人，比一個高富帥重要。

你會發現原初 Grace 對自己的印象很模糊，只認定自己是一個挫折感連連的人。當加入不同元素後，漸漸發現她是個重視關係的人，喜歡服侍他人。她人生的目標是，別人快樂就是她的快樂。當一個人能夠發現個人的獨特之處，便回復一個實在、有意義、有生命力的自己。做自己，從這一刻開始。

阿德勒説：「我們必須在缺乏勇氣的地方去鼓勵自己。」失敗可以是遺憾，但不可恥。**在什麼地方跌倒，在什麼地方站起來，意思是學懂「如何看待」經歷，從經歷中尋找對自己有意義的視點。**

挫敗的故事令人看出自卑的人生和未來；

光明的故事令人迸發積極與希望。

下表列出了挫敗和光明故事的不同：

	挫敗故事	**光明故事**
特色	●使人感自卑。	●使人感自豪。
	●自我咒詛。	●自我祝福。
	●銘記於心，難以放開。	●感覺微不足道，不易想起。
	●深受社會、文化、別人的期望影響。	●可以從受教育、信仰及別人的關愛中重新發現。
	●這些故事就像白紙上的污點，不過並非個人真正意願。	●能反映自己真正的本質與願景。
	●多數與真正的本性和信念背道而馳。	●可以為自己開拓和實踐將來。
	●可以成為寶貴的學習和踏腳石。	●生命的推動力和逆境中的支持。

	挫敗故事	光明故事
行動	●須要接納和面對。	●須要發掘和擴展。
	●容讓自己為這些經歷哀傷。	●為生命的光明面感恩和喝采。
	●確定這並非自己所願。	●確定這是人生方向。
	●須要放下和接納。	●須要擁抱和重建。
	●確定上帝不願灰暗成為你生命的終極結果。	●確定上帝可以帶領你活出美好和光明的人生。

遠距離看挫敗：社會脈絡

你會問，為何 Grace 看不出自己的光明面？我在這本書多次提過，人受成長和社會中的價值觀影響，承襲了一套標準，什麼是好，什麼是不好，眼光統統受局限，變得愈來愈狹窄，將自己套在一個使人窒息的框框內，看不到生命中的可能性。

如果把自己單單放在心理顯微鏡下觀察，只會看到部分的狀況，當中大多是挫敗情節，也會把所有問題都視為「個人問題」，集中火力尋找非常「個人化的解決方案」，最終可能徒勞無功。

想跳出框框，得將你的視點拉闊，以遠距離去看挫敗，或者將你看事物的外框放大，才看到一幅大圖畫。簡單來說，用一個較宏觀的角度看事物，這角度叫社會脈絡。

脈絡的英文是 context，來自拉丁文的 contextere，意思是「交織或纏繞在一起」。事實上，我們所謂個人問題的確跟社會問題糾纏在一起，關係千絲萬縷。

當我們將鏡頭拉遠，就會看到較廣闊的畫面，例如其他人也有同樣掙扎，你便知道這不只是個人問題。當鏡頭再拉闊，更會看到全景，究竟為何他們會遇上這掙扎，可能涉及社會、文化、經濟或政治因素，可能是自己盲目地跟從一些不必要的價值觀，走不出自己的路。脈絡化有助我們了解所受的困擾，為何不能做自己。

用 Grace 的例子：

教育制度

本地公開考試的設計未必適合所有類型的學生，甚至嚇怕了學生，Grace 便決定往外國升學。而中國人的傳統文化傾向選實用科目，令她的選擇收窄，最後只有選不擅長的科目。

文化差異

東西方文化不同，語言不同，而 Grace 十多歲才往外國生活，不適應是理所當然的。西方人優越感比較重，未必看得起其他種族的人。如果 Grace 早一點明白和接納這個處境，嘗試找一些「同病相憐」的朋友，較容易渡過苦悶的歲月。

價值觀

受社會風氣和大眾傳媒影響，很多人為成功下了定義，例如讀書成績優異，找一份好工作，有個好男友。情況似一般說的「四仔主義」(屋仔、老婆仔、車仔、BB 仔)。沒有的，代表失敗。Grace 也深受其害。

要把觀點放大至心理、社會、文化的層面，才會看到「失敗的全貌」。你會說，自己不是社會學家，如何做到？其實，起點是開放自己，多向別人分享，也多體會別人的憂愁痛苦，你會漸漸聽出你並不是最差的一個，其他人的問題都有相同的根源，並且你可能有比人獨特的地方。所以，了解社會脈絡的意義是，不再老將問題歸咎在自己身上，彷彿自己是世上最有問題的一個，令自己在心靈上動彈不得。

今天香港人深受賺不到錢，買不起樓之苦，令很多人都很沮喪，掉入壓力的旋渦之中。

阿德勒說：「只對賺錢有興趣的人必定會和合作之道背離，而只追求着他自己的利益。」他鼓勵人追尋「生活」而不是「生存」。**生活，是積極幫助自己享受生命和與其他人的關係，認知每天能夠有氣息已經是一種恩典。**

給自己空間

以勇氣面對個人歷史，找出光明和失敗的地方，是接納自己。接納自己不是一件容易的事，不是說做就做到。接納要操練，如建立一種習慣。不能做自己的人往往有一種習慣，常說：「都係咁啦！做都冇用！」這是一種悲觀心態。做自己要透過操練，建立一種「放過自己」或「對自己好」的習慣，例如不要太在意得失成敗、不要數落自己和別人的不是、學習感恩、努力尋找會令自己快樂的事⋯⋯

這代表找生命的光明面，多作反省。我常提醒一些年輕人，晚上未入睡前，不要花時間玩手機，反而安靜回想一下最近的事情，想想我是誰，我最想要的東西是什麼。很多人都說很有效，心靈的確寬大了很多。你不妨都試試。

以勇氣尋找過去的光明和幽暗，

你一定收穫良多。

做自己　這裏開始

你的生命故事

現在你可以着手寫下你的故事。每個年齡組合寫上至少兩項深刻的經歷，之後看看愉快和不愉快的經歷之間有什麼關係。

	深刻的經歷	光明面	內心渴求／自己是個怎樣的人	有沒有什麼家庭、文化、社會和經濟脈絡
0-5 歲	例：轉讀另一間幼稚園，需要適應。	例：可以認識更多朋友。	例：自己是平易近人。	例：因為第一間幼稚園關門，才要轉校。
6-12 歲	例：不小心傷了同學，但老師不聽解釋，記我缺點。	例：學到一個教訓，凡事謹慎。	例：自己是個很活躍的人，也很討厭被人冤枉。	例：那個時代的老師訓練不足，不懂好好處理課堂問題。

	深刻的經歷	光明面	內心渴求/自己是個怎樣的人	有沒有什麼家庭、文化、社會和經濟脈絡
12-16 歲				
17-20 歲				
21-25 歲				
26-30 歲				
___ 歲				

完成後，再藉以上的回顧，檢視自己的內裏渴求和計劃可實踐的目標。

每次向信任的人分享你的成長故事，都是一次生命的整理。你嘗試過嗎？你又願意接受別人對你的安慰、鼓勵和意見嗎？

做自己 這裏開始

生命履歷表

我們找工作會預備履歷表，寫上個人長處與有關工作經驗。生命的履歷表是有關你從小到大的光明故事和面貌，包括曾令你感到快樂、滿足、自豪及符合你意願的經驗和事件。請回顧你的過去，並將光明經驗記錄下來，愈多愈好（每項至少三個）。

正面經驗 ____________________

____

____

人際相處

- 家人或親人 ____________________
- 長輩或老師 ____________________
- 朋友 ____________________
- 萍水相逢或陌生人 ____________________

學習上 ____________________

____

____

工作上 ____________________

____

____

興趣上 ____________________

____

____

其他方面 ____________________

____

____

做自己 這裏開始

生命頌（S.I.N.G.）

將上述生命履歷表與五位你信任的人（包括家人、師長或朋友）分享，請他們聆聽或閱讀後，加上一直以來對你的認識，總結對你的看法，組成你的生命樂章，形塑你對自己的看法：

	天分與能力（Strengths）	興趣、喜好、熱忱（Interests）	性格、氣質（Nature）	目標、方向（Goals）
家人				

	天分與能力（Strengths）	興趣、喜好、熱忱（Interests）	性格、氣質（Nature）	目標、方向（Goals）
師長				
朋友				
同事				
其他				

敢於迎向未來

一旦我們中肯地認識自己，接受過去的失敗，是否就可以前行，過自己喜歡和有意義的生活？**要是對於將來沒有希望感，即使接納過去，仍然舉步維艱，不能徹底地做自己。做自己，也是關乎將來的事。**

今日的年輕人一提到將來，不是感到無力和無望，就是感到不滿，他們看到社會充斥着太多不幸和不公平，資源只落到一小撮人手中。一般青年人即使未算廢青，也不是富二代；工作機會和選擇不多；升不到大學彷彿註定沒前途……

沒有希望感的人生，自然沒有動力走下去，也不能為自己做什麼。希望感是生存的推動力，是做自己的原因。這裏，我不會討論社會議題，只想和大家思想如何透過面對和計劃將來，增強希望感，勇敢做自己。

自卑或自大的人一般比較消極悲觀，總覺得什麼都不可能，對將來不抱寄望。先別想改變環境或個人實力，不如先檢視一下個人的期望與現實之間的距離。有時失敗本身未必會令人感挫敗，但當期望與現實相差太遠，或者未能重新調節期望，挫敗感便會吞噬人，退縮到不敢肯定和確認自己的地步。

希望感可以增強

正向心理學家史奈德（Charles Snyder）研究「希望感」。他提出了一個「希望思維模式」（Dispositional Hope），當人訂立一個有價值和具挑戰性的目標，並在努力下找到達成目標的方法，便能帶來希望及滿足感。相反，若人一直處於悲觀和失望的狀態，便會嚴重影響自尊。他認為**期望不是一種情緒，而是一種思考模式，或者是一種認知歷程，由目標、途徑、行動意識所組成**。因此，一個有效的期望要具備以下三項條件：

1. 訂立合乎現實的目標；
2. 堅持但有彈性，能開發不同的途徑；
3. 相信自己能夠和值得達成這目標。

1. 訂立合乎現實的目標

我們從小就學習定目標，訂目標似乎不困難。可是，很多人只隨便訂目標，而沒有訂出適合自己的目標，根本不知道自己要去哪兒。

目標必須度身訂造。不過，這事不容易辦，因為：

懷有自卑情意結的人，怕期望愈大，失望愈大，容易放棄，認為自己總不達標，就不敢定目標，認為 everything is impossible。問題是他們不認識自己，不知道什麼適合自己，只好隨波逐流，人云亦云。結果，目標失敗時歸咎自己，沒有才幹天分。其實，每個人一定有自己的才能，只是有時放錯位。請你再次回看第 3 章，重尋誰是真正的你。你是你，別人是別人，別人的鞋子你永遠不能穿着走。

另外，有些人也會害怕「成功」，內心深處隱約有種對成長和成功的害怕，因為成功也意味着挑戰和困難。例如，一個人找工作，一方面想找一份高薪的工作，另一方面認為高薪工作意味着要求很高，自己一定應付不來，心中產生極大矛盾，對面試感很大壓力，寧願放棄，什麼都不幹。

懷有優越情意結的人，對自己要求很高，要達成很多目標，目標一個接一個，最後令自己到達一個「無可達到」的地步，反而「證明」自己能力不足。因為他們認為nothing is impossible，反而什麼都做不到。

例如，一個人參加一項地區性比賽，幾經努力後獲取冠軍。開心不足一分鐘，他立即就想：「有什麼值得高興？只不過是地區比賽，又不是全港性比賽！」他們會逃避現實，常做「白日夢」，訂立不設實際或自己無法達到的目標，或者強迫自己不斷精益求精。

另外，很多人在訂目標時失去專注力，想什麼都成功。一天到晚想學什麼，要做什麼，想去哪裏，最後發覺自己沒有足夠時間和精力。其實，訂目標也要講時機。有些人因為要結婚買樓，想升職轉工，便強迫自己短時間要讀書進修、加班或做兼職、籌備婚禮等，試問誰又能做到？其實，這個時代需要專注力。專注的另一層意思是「不貪心」，也就是知道什麼屬於自己，什麼不屬自己。換句話説，即是認識什麼最適合自己。

2. 堅持但有彈性，能開發不同的途徑

人訂下目標，當然要堅持，努力去作。

很多人不能堅持，因為不肯定這是否值得堅持！他們會説：「不知道究竟喜歡什麼。」其實，他們很多並非不知道自己喜歡什麼，而是沒有「喜歡的訓練」。什麼是喜歡的訓練？有時要真正喜歡一件事，需要鍛練，需要浸淫，令自己能夠完全掌握當中的技巧 / 知識，才能享受箇中的樂趣和成果。例如，我初中時曾經學習結他，不過沒有花時間去練習，不能「衝破」其中一個難關，就是熟練一些比較難的 chord，對結他的興趣自此丟淡。之後，我選擇打鼓，遇上同一問題，當我不能「衝破」一個艱難的階段便放棄，好像沒有興趣一般。

一般來説，較自卑（情結）的人覺得自己能力不足，容易放棄；而自大（情結）的人將期望定得太高，因而力有不逮，最後也只好放棄。

這裏我想説明堅持的重要。很多時候，我們失去意志力「衝破」一件事或一個階段性困難，便因沒有滿足感，而給自己無數藉口，例如忙碌、不好玩、生厭、別人反應不理想等，繼而

放棄。追尋目標，有時好像母親懷孕生子，生產的過程很辛苦，但心裏知道將來會有一個可愛的嬰兒出生，令她有份「等候的滿足」，耐性等候美好的結果，這才是真正有血有肉的希望感。

固執和堅持只差一線。**固執是即使不認識自己仍堅持；真正的堅持是在過程中更認識自己，為適合自己的事而前行。**當然，在認識自己的過程中，我們要嘗試不同的東西。在嘗試的過程中，需要「彈性」，「彈性」是懂得「調整」；而「調整」則是認定 **something is possible and something is impossible**，願意面對現實，修正個人期望，儘量將期望與現實拉近。

阿成在父母的期望下選讀商科。他早知道自己不是讀商科的材料，更不想做商界人。不過父母不斷對他説讀商科將來可賺錢，他根本沒話可説。大專第一年，他每個學期成績都不及格，最後學校要求他重讀或者轉科。從商不成，之後父母要求阿成考政府工，因為薪高糧準。阿成仔細地想，其實這都不是個人目標，自己最喜歡視覺藝術，即使視覺藝術未必有「錢途」，但起碼應付得來，讀得滿足。因此，他寧願打工找外快供自己進修視覺藝術。

很多時候，不是我們沒有彈性，而是父母和家人對期望很執著，沒有彈性，也忽略了子女真正的特質。但長大後，我們需要一份勇氣增強個人彈力和處理失敗。上一節已經深入討論了如何面對失敗的經歷。這裏再補充一種有關人生規劃的思考，叫「計劃性巧合理論」（Planned happenstance）。

計劃性巧合理論由三個字組成：

- Planned：計劃好的部分
- Happen：偶然發生（無法控制）的情況
- Stance：立場和態度

世界變幻莫測，而人生也難以控制。人雖然訂立了一些目標，但事情未必如願達成，甚至事與願違。因此，我們要學習一種彈性，既有計劃，也要因應偶發狀況調校立場和態度。增強彈性，有四個步驟：

1. 常帶着好奇心探索，增加機會認知自己的興趣所在；
2. 堅持，不怕困難，常思索「可以怎樣做」，而不是「我做不來，因為……」；

3. 用樂觀積極的心迎接偶發事情或變動，這可能成為新機會或新經驗；
4. 隨着偶發的情況前進，繼續學習新事物，發展新技能。

我在職業計劃上，其實都是隨着一連串偶發情況而行：

我中七選擇大學主修科時，家人認為讀經濟比較有前途，便隨他們意思選修經濟系。不料，在公開試成績中，經濟竟然是最差的一科。出人意外地，大學竟然收了我入讀經濟。畢業找工作時，自知對經濟興趣不大，於是來個180度大轉變，希望進入廣告業。但廣告公司從不會刊登招聘廣告，我唯有大膽地寄自薦信，心想死就死吧！當所有同學已經找到工作，我還在等消息。後來，一間廣告公司突然因為某些原因，需要一個沒有廣告經驗和學歷的新鮮人，所以聘請了我這個讀經濟的。十年後，我重新計劃人生，不知道應該轉去什麼行業。一次和朋友傾談，他告訴我有朋友讀輔導。我取了聯絡，唐突地向他詢問有關輔導的事。考慮了一段時間，最後我決定辭職，報讀輔導。畢業後，我自薦到突破機構，加入輔導中心工作。

可以肯定說，高中的時候，我根本沒法想到一天自己會成為輔導員，甚至連讀什麼科目都是順應父母要求罷了。如果我面對目前不如意的情況就說放棄，又或者怕離開「安舒區」而不敢轉變，我不會是今天的我，也不會快樂。而且，時機不是隨我們的意願出現，人也要學習耐性等候，正如我也「等待」了十年才有新機遇。

人生像一隻小昆蟲掉進河裏，既要努力去游，也要隨水漂流。這種既堅持又有彈性的態度，彷彿很玄，歸根究底是一種相信自己的精神，人生沒有絕路，柳暗花明又一村。如果是信徒，便相信上帝的帶領，相信自己能夠和值得達成這目標。

3. 相信自己能夠和值得達成這目標

有了目標，肯去堅持，也要相信自己可以實踐出來，才有動力去作。前文已經花了不少篇幅談「相信自己」，包括相信自己的能力和獨特性。如何做到呢？

要相信夢想，相信自己，首先，你可以找志同道合的人，願意支持你的人，向他們暢談你的理想和目標。他們會除去你對自己的懷疑，給你最適時的鼓勵。

然後，積聚充分的動機，才令自己有信心完成。什麼是充分的動機？確定自己選擇的路是對的，有信心繼續前行。

發現走錯了，不妨大膽修正。

最美的夢想

一般人常常忽略動機。很多人以為：小時候，比賽得獎就快樂；年輕時，能入讀大學就一了百了；長大時，儲蓄足夠支付首期置業便大功告成。這些目標當然能令人一時快樂，但持久力有限，對自己的肯定也很短暫。**一種真正令人滿足，得肯定的動機是——幫助別人，包括協助、成全、貢獻他人，或者為他人設想。**

University of Minnesota 的心理學家 Mark Snyder 指出助人有益身心，因為人從助人的過程中，可以提升自尊、心理質素及快樂。而 Claremont Graduate University 的教授 Allen Omoto 也同樣指出，樂於助人的主要原因，跟快樂和動力關係密切：

1. 求知慾和掌握新知識或技術。
2. 增強自尊和能力感，感到生活更穩定。
3. 擴闊自己，提升潛能。
4. 增加對社羣的歸屬感，認為自己有份使周遭變得更好。
5. 獲取人本的價值（humanitarian values），從助人中得到快樂和滿足。

這裏不是硬銷「利他主義」，事實上人的快樂建基於別人的快樂，才能肯定自己。你可能說：「我的工作毫不偉大。」不要嫌棄自己的工作微不足道。如果你是咖啡烘焙師，就為調出一杯令客人享用的咖啡而歡喜；機械維修員，就為別人修理好機器而欣慰；舞台幕後工作人員，就為聽到觀眾掌聲而滿足；銷售示範員，就讓顧客了解產品好處而感成功；幼稚園老師，就給孩子快樂的校園生活……

追夢的勇氣

希望感是做自己的動機和動力；同樣希望感也需要一份勇氣，接納自己，包括自己的理想和價值觀。有些人會被別人的批評嚇跑了，偏離自己的專屬跑道，溜進別人的跑道。又有些人因賽道一時轉彎有變而埋怨，拒絕再跑。當你認識自己，接納自己，自然會認識自己的跑道，更願意繼續去跑，不輕言放棄。

有位富商曾經準備捐獻給德蘭修女，期望她能做出更多成就。德蘭修女淡然回應説：「我們被召不是邁向成功，而是被召去成為忠心的人。」德蘭修女看「成功」的定義跟別人不同，她選上的路也不同。她沒有順從別人的意思，不走別人的路，繼續堅持做自己認為對的事。隨波逐流和忠於自己，她選擇後者。

史奈德提出期望是學習得來的。我們從周遭的人際關係中，學習期望和目標導向的思考。你生命中的標準從何而來？父母？家人？學校？上司？社會？你一直為滿足誰而活？你想忠於自己，不做沒夢想的鹹魚嗎？

找出自己的專屬跑道。

做自己　這裏開始

夢想之旅

請拋開現實的顧慮，隨心想像一下，你希望三年後變成怎樣，例如：住在哪裏？做什麼工？有個怎樣的家庭？只管放膽夢想吧！（參蔡元雲《敢夢想飛 —— Young life 召命導航手冊》）

這刻浮現在你腦海的是什麼？

____

____

你會可要求一些什麼？請把你的祈求寫下來。

我祈求三年後：

住所：________________________

工作：________________________

家庭：________________________

其他：________________________

____

自我評估——

- 為什麼我有這個夢想？是來自我的興趣嗎？或只是追求即時滿足？
- 我適合朝這個方向發展嗎？為什麼？
- 我的夢想跟他人有何關係？可以使他人得益嗎？
- 我平日有哪些表現，足以支持我朝這方向探索下去？
- 是什麼阻撓我的心願成為事實？是怎樣的限制？是家庭因素？經濟條件？可以克服嗎？
- 是本身的能力不足？哪方面不足？可以改進嗎？
- 這個夢想完全與現實脱節，不過是幻想嗎？如何脱節？

如果你通過自我評估這一關，不妨找一些知己朋友，替你作一個中肯的評估。

他們的評估：____

____

他們的建議：____

____

6

在關係中也要勇氣

〉別人是別人，我是我

〉與人連結的勇氣

別人是別人，我是我

上一章提到做自己，先要學習自我接納，並按個人喜好與目標，過自在的生活。不過，正如本書的上半部分說，人無法做自己，很大程度上受他人影響，例如很在意別人眼光，或者內心比較和妒忌。正如阿德勒早已道出這道理，指出一切行動都有對象，人所有行動，都是「認知有他人存在」的人際關係。人活在關係之中，問題離不開人際。所以，做自己第一步是接納自己，進一步是搞正人際關係，看出自己和他人彼此的意義，在關係中做自己。

當討論到這個部分，反思層面會愈來愈複雜，畢竟人的自我形象和肯定，受他人影響，別人很多時候是自己的鏡子。而且，正如前文提過，我們的自我觀往往受原生家庭影響，以致看自己太差或太好，容易變得很自卑或很自大。這一章將會進一步深入探討原生家庭對我們的影響。對於自卑情況很嚴重的人，這章特別重要。我邀請你慢慢讀，讀了一遍還要再讀再想。

關係是分辨與連結

一則希臘神話提到，人原是男女同體，可是天神起了嫉妒之心，一怒之下把人劈開兩半，一半是男，一半是女。自此，男人和女人在茫茫人海裏尋覓另一半，希望再次連結。這個故事比喻人際之間，有時要分離，有時又要結合，道出了關係的奇妙弔詭性。

關係真是一門學問。關係是什麼？簡單地説，是人與人行動上的互動及感情上的交流。當中涉及人際之間的距離。這距離不能太貼近，也不能太疏遠。**人在空間上和心靈不合宜地走得太近，要不會產生張力；人與人如果太分散，沒交流，又會變得疏離**。張力與疏離感導致人做出事與願違的事。

在這章，我們會思考「關係」如何影響人在別人面前（特別是親密關係之中）做自己。當中，我們會討論：

- 分辨，是學懂分辨「你是你，他是他」；
- 連結，是敢於「被接納和接納，被愛和去愛」。

這一節先由「分辨」開始。

真正的自己 vs 扭曲的自己

分辨的基本意思是分辨誰是「真正的」自己，誰是「扭曲的」自己。很多人以為誰不是在做自己？其實有些人一直扭曲個人意願和性情，做人做得很辛苦，這些人就不是「做自己」。以下是一些例子。

Ada 給人的感覺是情緒化，易發小姐脾氣，大家暗地給她起名「公主」。例如當大夥兒計劃去哪兒玩，她總覺得其他人不會考慮她的意見，會投訴大家漠視她，不尊重她。但其他人說根本沒有漠視她，一直都是奉行「少數服從多數」的公平原則而已。感情方面，即使男朋友已經低聲下氣和好意地說出她的問題，她也會大發雷霆，認為男朋友批評她、指責她。但男朋友表示根本無意批評她，感覺很無奈。如此，很多朋友都認為 Ada 對人對事反應過敏，唯有選擇跟她保持距離。Ada 有時都問，是自己的問題麼？

Ada 心底很想別人明白和體諒自己，可是，她不明白為何對於別人的說話非常敏感，隨即想到：「他一定不喜歡我吧！」「他不重視我！」於是，情緒失控，後來又很後悔。經常感覺「自己不好」，就是她扭曲的自己。

Denny是大家公認的好好先生，對人很熱心，知道別人有需要，一定會義不容辭幫忙。但有些朋友卻勸說他熱心得過分，會令自己很辛苦。例如，他每次到日本旅行，從不拒絕同事和朋友要求的購物清單，不論體積大小，都會代購所有東西，最終花上很多時間搜索，行李也不勝負荷。又一次，他送了生日禮物給一個不算太熟的同事，自忖要是今年不送，會不好意思，所以在百忙中依然不辭勞苦地找禮物，即使找到，也猶豫禮物不夠體面，別人看得上眼麼。有時他心裏會很惆悵和矛盾。

Denny 明知為人殷勤過了頭，每次都提醒自己沒有下次。可是當他遇上相同情況，又再次感到很為難，常常怕得失別人。「要討好人才算及格」正是他扭曲的自我形象。

芷琪一向很獨立，連出國旅行都會獨個兒。別人都說她不需要朋友。其實芷琪內心很矛盾，認定人一定要有朋友，但又不知為何總是不想放太多感情在別人身上。其實芷琪跟父母的關係同樣疏離，平常不會溝通交流，也不會互相關心。有時即使對方不在家也沒有人察覺，不會詢問去向。自小，芷琪害怕父親，因為他很威嚴。她對母親也很不滿，因為母親總看她不順眼，不論學業、工作、家務，甚至髮型服飾都處處被挑剔。記得大學時，她去髮型屋燙了一頭長曲髮。回家後，母親說：「不漂亮！」就拿起剪刀把她的曲髮剪掉了。芷琪沒哭也沒怒，只是冷冷地說：「一向都是這樣，又不是頭一次，都已經習慣了。」

芷琪心裏渴望友誼，有時都想找人陪伴。可是，她不懂如何傳達，很多心底話都不敢對人說，或者覺得說了自己的問題，別人都幫不上忙。覺得「沒感情就沒傷害」便是她扭曲的觀念。

我們看出以上三個人都以扭曲的自己跟別人相處。Ada 的自我是「自己不好」，所以和人待在一起就變得神經兮兮；Denny 與人相處時，以為「只要討好」就感到「舒服」，反而令自己很辛苦；芷琪習慣「斬斷」感情保護自己，沒期望就沒失望，最終失去親密關係。

那麼你會問：為何他們的自我會扭曲？

鏡子裏的自己

這個扭曲了的自己，不過是「鏡子裏」的我，並非真正的性情和意願。要了解何謂鏡子裏的自己，先要認識「鏡映效應」。「鏡映效應」的意思是，別人對自己的態度，猶如一面鏡子照出自己的形象，人以此形成自我概念。

這個理論，由法國精神分析學家拉岡（Jacques Lacan, 1901-1981）提出。他認為「鏡子中的影像」是塑造自我的第一階段。嬰孩從 6 個月到 18 個月，會對自己的鏡像顯出莫大的興趣，試圖藉由鏡像內的影像，形成自我概念。鏡像的意思其實是他人。**長大後，人仍然藉由「他人」才認識到自己的存在，例如會想別人喜歡我嗎、如何看我。人透過這樣彼此照鏡子，在不斷的人際互動中，形成自我形象。**雖然鏡像過程幫助嬰兒發現「自我」，但拉岡強調經由鏡中認識的自我，很多時候都不真實，是幻象。可惜，人類的價值觀，多半扭曲變質，因此人對自我的認識也可能受局限。

例如，Ada 從別人的反應，以為自己的意見不被接納，代表自己不討好；Denny 從別人的反應，特別敏感對方是否會失望，別人一旦失望，代表自己不好；芷琪從別人的反應，推測他人不會關心自己，代表自己不重要。

這種鏡子影像很多時候在成長中開始形成。如果孩子承受了來自父母的不當教導和影響，這些不良的童年經驗，全都內化為自我的一部分。

以芷琪為例，她自少缺乏父母的關愛，家庭氣氛非常冰冷，因此她從鏡子中（父母的反應）看到自己是「不被重視、沒有價值、情感需要是不會被滿足的」。所以，她長大後跟別人相處也保持距離，不懂也不會有情感交流。可是，那不代表她不需要情感的滿足。正如本書上半部提過，人在意別人的眼光、愛比較等都可能受家庭影響，那份影響是因為缺乏了情感上的關注，或者父母對自己的評價和情緒表達方式不合適。

分辨我是我，他是他

不能做自己的人會不斷尋求別人的認同，討好遷就，與別人看齊，以別人的意願代替個人意願，自我會變得模糊，認為他、她、他、她是誰便等如我是誰，可是最後只會感到自己什麼都不是。

如果無法不在意他人的評價，無法不害怕被人討厭，就無法貫徹自己的生活方式，便得不到自由，無法從他人中分辨出來。無論是和別人比較、妒忌別人或者活在別人的眼光之中，都是將自己的價值放在別人的天秤上，等同視別人為敵人、競爭對手或者有機會傷害自己的壞人。

想解開這種人際的糾結，要學懂分辨真正和扭曲的自己，深一層的意思是分辨你和他人。你是你，他是他。

但你會問：「我和他，怎會分不開呢？」

前文提過，不能做自己的人會很在意別人的眼光，在意別人眼中的自己。最後，人分不清哪個部分是真正自己，哪個部分是他人瞳孔中所映照出來的自己。**分辨，是努力從幻想中別人的眼光走出來，知道自己哪個情況下「想多了」、「誤解了」或「太多假設」、「其實我不是這樣子的」，不再誤以為別人總是不喜歡你，輕視你，批評你**……

「分辨」的過程包括：

1. 確認每個人都是獨立的個體，接納自己的獨立性。別人是別人，你是你；
2. 認識和接納自己的特質，包括你的長處和限制；
3. 正確認識與人的關係，別人不是你的競爭對手，毋須比較或妒忌；
4. 從與別人不同的意願、特質和思想中，發現和建立自己的獨特願景、價值和身分。

阿詩一直害怕她那情緒化的上司。每次被上司召入房間，都心驚膽顫，因為上司會為了很微小的事情，把阿詩大罵一頓，甚至侮辱她的人格。平日，她看上司是她的最大剋星。

一天，有朋友對阿詩說：「如果你仍然想留在這裏工作，以這樣的工作方式，最辛苦的人必定是你。」阿詩覺得甚有道理，於是下定決心，不能再受上司的情緒操控，有必要跟上司的情緒畫清界線。於是，她每次被上司指罵後，會找空間冷靜，學懂辨別個人責任和對方無理的情緒發洩，心想問題是上司EQ低，而不是自己做得差。而且，上司根本是完美主義者，無論怎樣都滿足不到他的要求，總之問心無愧就可以了。所以，她開始學習如何婉轉地拒絕他。

這就是：I am happy with who I am.

讀到這裏，請你細心想：有什麼人你特別害怕的呢？特別討厭的呢？他或她通常引起你什麼反應和感覺？這些反應和感受背後，是否令你感到自己是個不可愛、不濟的人呢？你可否試在情感上與他們分辨嗎？

從別人眼中分辨自己的身影。

回到孩童時

如果你發現問題比想像中嚴重，個人的分辨能力比想像中低，可能你受着成長中深層的影響。換言之，**你所關注的這個「別人眼中的我」很大可能是你原生家庭中「父親或母親的眼中」的自己**。我嘗試用一個例子說明。

全家出國旅行，父親為了一些小事而大發雷霆，我心中竟然勾起少年時被責備的感受，泛起一些既模糊又似曾相識的影像和對話，內心的怒火漸漸燃點。我彷彿再次從父親的眼裏映照出十分熟悉的「我」，就是那位少不更事、反叛、無反抗能力，充滿委屈的小孩子。當時，我就用了很幼稚的説話跟他理論。

旅行結束回家，父親回復平靜。可是，父親瞳孔裏映照出來的影像，在我腦海中一直揮之不去，心中的怒火久久未熄。這段時間，我變得格外敏感，在意別人對我的看法和批評，人變得很防衛，很易動氣。

安靜沉思：於是我給自己多點安靜空間，我要反思究竟發生什麼事，開始自問為何如此生氣，才發現原來自己仍然帶着那個影子——小時候，家境不好，父親努力工作，壓力很大。他對我愈來愈嚴厲，有時還有點激動和火爆。當我進入青春期，開始變得反叛，父親對我的批評和責備更加劇烈，我從父親瞳孔裏「映照」到我是個不濟的人，於是我的反叛行為變本加厲，心中充滿不憤。

過了二十多年，我以為自己已經成熟了，放下了所有成長中的包袱。其實父親也改變了，變得良善，父子的關係亦和諧。

重建真相：我又問為何父親會在旅行中如此激動，估計他在旅行中面對陌生環境，引起一些焦慮，重現舊日焦慮的模樣。於是，我明白了！問題是出於「他的」情緒和焦慮，而非「我的」問題。這是「他」對事件、對自己的感受，根本與我無關。我毋須為「他的」焦慮負責。意思不是不關心他，而是不以「他的」角度看自己。我的感受只不過是童年的影像而已。

接納和改變：我開始學會不把自己的身影放到他的瞳孔、他的感受裏，並將父親眼裏的我和他區分開來。我和他可以同時存在，但我不一定要以為他的反應都因我而起。這時候，我可以中肯地看自己。這個過程，我花了幾天反復地去冷靜，自省，反思。

以上是我跟父親互動的一個的自我反思歷程，其實這歷程可以放在同輩或其他關係上。不過，反思過程需要再次進入原生家庭的歷史和當中的感受，這是不容易的。一般人都想，事情過去了，還要再提嗎？不想再次面對曾經的傷感和壓力。不過，沒法「進入」，就沒法「走出」(the way in is the way out)。這是必須的歷程。

分辨，是一份接納

我們不得不接納，自己跟父母的關係不論好壞，彼此都是分不開的，始終是互相影響。對一些人來説，這是痛苦的根源。這種心理上的相互依偎，構成我們對他人真實情感的解讀，或者對他人的反應非常敏感，連最輕微的迹象也要徹底解讀或無限想像。然而，我們必須看彼此是兩個分別的個體，把自己帶回現實，要看見真實的自己。

如果你已經發現，你總是將自己和別人的感受綁在一起，等於把你們一起困在你的「鏡映效應」中，或是他的「鏡映效應」

當中。於是，你容易將自己看得過太壞太差。因此，當下一次回到似曾相識的處境時，請你暫緩一下反應，想想當中有沒有「鏡映效應」發生。

要跟他人分辨出來，究竟需要怎樣的勇氣？也是一份接納。這次跟前文提過的略有不同，之前是在個人層面上對自己的接納；這次是在關係上，接納在別人眼中的自己，意思是寬容和客觀地接受別人的看法。**這份接納需要藉分辨的能力；同時，也需要接納別人對你的反應，有着「他的」原因，明白對方也有限制，有其一己的看法，不一定完全理解和準確評估你**，甚至很多時根本和你的真實模樣、特質和本性無關。你依然可以做自己。

這一節提到原生家庭，可能對你有點沉重。或許有些人跟我的經歷一樣，或多或少都曾經在成長中受過傷害、威嚇或忽略。默然地想，這的確是一種失望、失落或遺憾。那麼，我們需要更大的勇氣，學會接納生命中曾經的遺憾，得要走進去看看，才能漸漸學懂放下。

在日常人與人的張力事件中，可以有三個步驟分辨，請回答以下問題：

1. 你的立場：你清晰自己的立場目標和動機嗎？你清楚自己跟別人的界線、角色或責任嗎？你可以向人説出和實踐以上想法嗎？

2. 他人立場：確認自己立場，也不代表與人分隔。你能常懷着好奇心或者關懷的心，了解別人的目的和動機、他人和自己的界線？你有勇氣去向別人發問澄清，而不只是暗自假設猜想嗎？

3. 以上兩個步驟看似矛盾，也是很難做到，畢竟考慮自己和他人的立場，往往引起很大的焦慮和張力。故此，第三步就是要處理內裏的張力和不安。你學懂放鬆自己？輕鬆面對事情？不將事情放大？不讓自己常常憂心嗎？勇敢接觸自己負面感受？找信任的人分享傾訴嗎？

別人也有他的限制和視點，

他對我的看法，不等如我的全部價值。

做自己　這裏開始

與心靈接軌

定期找些時間幫助自己進行「我是我，你是你」的分辨操練，以下是一些指引，可讓你嘗試。或許起初會有點困難，然而嘗試幾次相信會有進步，並對自己加深發現。

1. 停下

首先，找一個週末的早上或下午，停下一切你平時習慣做的事情；學習放下，或許心理上不容易，然而只要你決定踏出這一步，停下的狀態便會出現。

2. 安靜

讓自己心靈靜下來。一般人每每停下來、靜下來的時候，開始心癢，想去幹其他事。不打緊，這是很正常的狀態。讓腦海中浮現的人、事、物隨意走動或出現，問自己：有什麼人你特別害怕？

特別討厭呢？

你只需要繼續專注自己靜的狀態，讓這些人、事或物在你腦海中自由流動，但不需要專注。如果感覺仍然無法靜下來，那就暫時停一下，洗把臉、喝飲品、伸展一下。大前提：不要着急。

3. 聆聽

- 當能順利完成停、靜兩個階段，開始真正進入聆聽自己的內心聲音，認識真正的自己。你需要聆聽什麼？留心、注目你的思想、感受和身體反應（五官：觸摸什麼、聽到什麼、看見什麼、嗅到什麼、味道是什麼）。
- 在我和父親一次旅行的經驗，我會問自己：他為何會在大庭廣眾發脾氣？為何他經常會這樣？為何我也習慣他這種行為？為何我一向有這種反應？我可以表達自己的不滿嗎？這都是經驗的部分。
- 之後再問：我感覺失望、有一種羞恥感湧上心頭，也感覺自己身體很熱，面紅脹起來，身體呼吸急速；再進一步詢問的時候，那種憤怒的感受充滿着我，繼而出現一種自憐的感覺，年幼時被責備的情境彷彿一幕幕出現，眼感到一熱，手臂有些微微的重量。這是感受的部分。
- 當你經歷以上情況，不需要着急分析，讓自己全然慢慢感受此時此刻內心的狀況和一切經驗。經驗沒有錯對，只是一個與心靈接軌的歷程。

- 如果你感到很傷痛，很想逃離，不用太強迫自己即時處理，可以暫且停在這個地步，之後再找機會重新面對處理。

4. 細味

完成聆聽階段後，可以轉換一下地點或做一些清醒的活動，才再次反省和回顧剛剛出現的思想、感受和身體的反應，逐一細味，重複去做。有時候，你要做很多次。過程中，你會開始漸漸發現一些新的角度，事情未必完全如你當初所想，你不是自以為的可憐或者不濟。這時候，你已經開始分辨對方眼中的你已經有所不同，不會全然被他 / 她影響你如何看自己。

這些練習不會一刻到位，需要慢慢去做、練習，最終的目的是讓你慢慢看清楚，別人眼中的你，不是真正的你，只有自己眼中的你，才是屬於你的。

與人連結的勇氣

上一節提到的希臘神話，比喻人即使分開了仍要連結。如果單以上一節的分辨方式與人相處，會變得過分理性，感覺冰冷，仍不足以在羣體中做自己。**關係的藝術是尋找一種合適的距離，不能太近，又不能太遠**。故此，這一節我們接續談另一個重點：連結，這種連結不單指普通交往，更指情感上的連結。

上一節介紹了鏡映效應，説明人從別人眼中辨識自己。這一節，我們會從另一角度，看人如何在情感上受他人和原生家庭影響，以致作出違反個人意願的回應，在關係上不能傳遞自己的心意，同樣無法「做自己」。那樣，我們又要如何與他人連結起來，就是向別人傳遞個人心意，並能夠在別人面前做自己。

真正的自己 vs 本能的自己

連結的意思不是對人想愛就愛，任性地愛，而是一種願意付出和願意被接納的態度。可是，很多人因為種種原因，卻以本能反應回應他人，所做的只不過是「本能的」自己，而不是「真正的」自己，最後害己害人。**「本能的」自己不是自然反應的意思，而是人受了他人影響而即時作出（未經大腦）的反射回應。「真正的」自己則是理解自己內心需要和渴求而作出反應。**以下是一些例子。

> Henry是個工作狂，男性朋友居多，常被取笑為毒男。他為人理性，不太懂溝通和表達自己，很多時間都放在網絡上。一次，他在社交網站留意到一個朋友的女性朋友，於是追隨網絡找到她的資訊，二人開始接觸。之後，你在我處留言，我又在你處留言，Henry開始表達內心比較深藏又真誠的感受。漸漸地，Henry有一種鍾情的感覺，感到對方和自己很投契。當時，兩人無實際生活互動，不過是網上交往。幾個月後他們終於開始約會。可是，Henry彷彿變了另一個人，表現冷若冰霜，不懂表達感受，也不會問候和回應對方感受，只和對方「生活」而已。對方因而感到非常格格不入，幾個星期後就提出「分手」了，之後再無聯絡。Henry一時感到失落，但又立即理性地向自己解說：「關係不是聚就是分，傷心也無補於事。」

Henry表面冷若冰霜，然而心底渴望感情（「真正的」自己）。當他在一個很安全的環境（網絡後），還可以稍稍表達內心感情，可是一旦走出安舒區，他會退縮在本能反應裏，呈現一種自我保護的狀態，截斷感情，實事求是，不自覺地走向「本能的」自己，屬於自己的封閉世界，用表面軀殼與人接觸。

Cathy 因父親有第三者，父母早年離婚，從此母親變得神經兮兮，憂慮心很重。Cathy 小小行為舉動，母親便會憂慮緊張，有時會罵她，有時又抱着她痛哭。Cathy 也是自信心很弱的人，常以為別人不喜歡自己，容易為別人批評所傷害，很緊張和害怕做錯事，因此工作時十分緩慢混亂，最終遭解僱或自己請辭。感情上，Cathy 對異性關係尤其敏感，容易因異性的笑話受驚，又覺得親近的人總有一天捨她而去。於是她會測試異性對她的忠誠，例如要求對方隨傳隨到。別人一旦稍有做不得足，她可以有心理準備，早知對方不重視自己，就提出分手，之後追尋下一個人選。

Cathy「真正的」自己當然想有一段真摯又穩定的關係，可是「本能的」自己警告：「關係很危險」。本能反應是猜疑、困惑和惶恐，愈慌愈忙，做出了違背內心的行為，最終只有再次失望。

James 與 Yoyo 拍拖三年多，James 不否認當初追求 Yoyo，純粹因為 Yoyo 長得漂亮。而 Yoyo 選擇 James 的原因是她當時剛剛分手，感覺非常寂寞，想有個男朋友在身旁，而 James 的確是個很體貼的男人。

Yoyo 是個很情緒化的女生，但她從來都不會承認，反而覺得自己理由很充分，向對方發脾氣，全因對方不明白她，不懂得哄她歡喜。而且，Yoyo 常常拿 James 和前男友比較，指責 James 對她的「漠視」正像前男友一樣傷害她。這令 James 感到非常氣餒和無奈，自己根本沒想過傷害她。

可是，James 心底裏很害怕失去她，於是盡力滿足 Yoyo 要求。Yoyo 無理指責時，起初 James 還會稍為自己辯護，不肯立即認錯，她便立即掛線，裝失蹤，最後 James 唯有讓步，用盡不同的方法認錯求恕。久而久之，他都不再作聲，免得 Yoyo 脾氣更大。

令 James 更大惑不解，更氣餒的是，Yoyo 對朋友殷勤有加，非常寬容大方，似乎對朋友和男友是雙重標準。

逐漸，James 感到很疲倦，很空洞，原來自己一直只有付出。有一晚，他決心在 WhatsApp 打上幾個字：「我們分手吧！」於是，Yoyo 立即找他哭訴，控訴他為何狠心地撇棄她，令 James

感到很內疚，唯有再次復合，給大家機會。

Yoyo 跟 Cathy 性格上有點相似，不過前者程度可能比較嚴重，內心的矛盾更強烈。她內心渴求男友對她完美的愛（真正自己），但她總是形容不到究竟是什麼，只會覺得不足夠（本能自己）。而 James 內心同樣沒有安全感，很害怕失去，以為努力滿足對方要求（本能自己），就可以留住對方，卻漠視自己原來也有需要（真正自己）。

以上每個人因為他們久已習慣這種模式，已經變成一種本能反應，可是這些反應是不自覺的，以為自己只有這個樣子。其實，任性、耍賴或發脾氣，頂多是「本能」，而不是「真正的」自己，並非心裏真實的感情流露。

在關係裏，誰不想真情流露？但若以不斷向對方苛索，要對方忍受，要求毫無設限的自由，這叫自我中心。別人不能無條件、無底線地忍受你，承擔你的無理取鬧。**做自己，當然是做「真正的」自己，而不是「本能的」自己，本能的自己，只是自我封閉，自我保護。唯有以「真正的」自己，用真實的面貌，和對方相處，這才是真正做自己。**

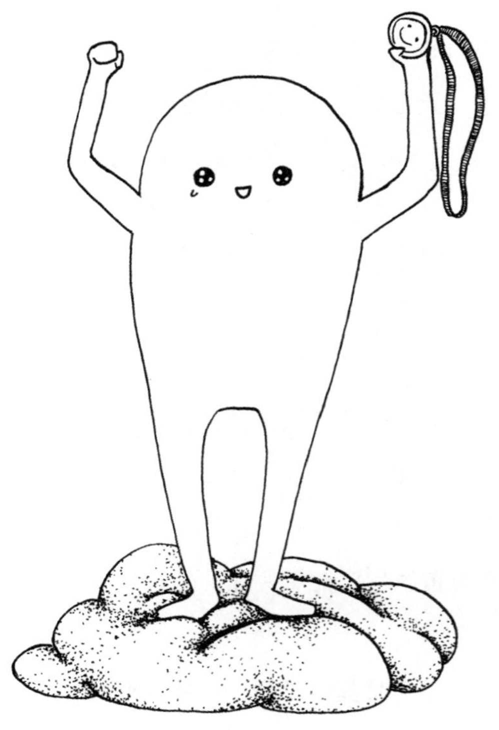

只有以真實面貌與人相處，才能做自己。

尋找你的相依類型

他們之所以倒退到一個本能的自己，往往是因內心曾經受傷，這道傷痕導致他們對一些人和處境很敏感，一碰便觸發本能反應。其實，他們最需要是別人的接納，而這份接納和愛理應由小時候開始。如果你發現自己偶爾也有本能的自己的表現，請你細讀以下部分，讓你更認識自己。

阿德勒說：「人一出生下來就要面對兩個巨人，也就是他的父親母親。」他指出父母對子女的心理成長的影響，包括了人際關係，特別是兒童跟父母的關係。日後，心理學家鮑比（John Bowlby, 1907-1990）首先提出「相依理論」（Attachment Theory），解說成長對我們的影響，探索人類的行為和動機模式，跟情感連結的關係，稱為依附行為。

依附行為是指幼兒（相依者）與照顧者（相依對象，通常是母親）之間所建立的情感連結。相依的目的是為了讓幼兒得到安全感。當幼兒感到害怕、疲倦或生病時，相依行為會特別明顯；而當母親給予幼兒安慰、保護或幫助時，相依行為自然減弱。所以，依附行為是一種「互動關係」。

相依行為的運作，雖然在年幼時期最為明顯，實質上一生中任何年紀都在潛意識中運作。心理學家安斯渥（Mary Ainsworth, 1913-1999）繼承了鮑比對母子關係的研究，再發展出成年人親密關係的四種相依形態。

1. 安全依附型（Secure）

幼年時，父母（或照顧者）能夠即時回應幼兒的感情需要；成長後，人們能夠對周圍的人和事容易產生一種安全感，相信別人可靠，能夠愛護自己，關心自己，覺得自己可以被愛。他們平易近人，容易洞察別人的需要。因此，他們可以處依靠和被依靠的位置，在關係中能夠付出和接收愛與關懷，開放地表達自己的情感需要和感受。

2. 焦慮逃避型（Anxious Avoidant）

父母對幼兒的需要不敏感，或表現出負面反應，甚至拒絕身體接觸等，經常忽略孩子的情感需要，孩子哭也不理會。成長後，人會常有一份逃避被傷害和被忽略的感覺，只好將感情冰封，變得過度獨立，過度自給自足，心裏帶着一份信念：認為世界是冰冷的，沒有人會關心我。他們相信，別人不會明白自己，也幫不了自己。同樣，他們給人的印象是冷若冰霜，不會也不懂和別人深交，寧願君子之交淡如水，對別人不太信任。他們會稍為對親密關係開放，可是仍然不懂建立，因為不懂表達情感需要，也不能體會對方的情感需要，只是機械式地生活和回應對方。Henry 屬於這一類。

3. 焦慮抗拒型（Anxious Resistant）

父母的照顧能力差，不曉得如何滿足幼兒的需求，有時接近，有時疏離，令嬰孩無所適從。長大後，他們一直有若即若離的矛盾感覺，常常渴望又警剔別人的關懷，內心缺乏安全感、穩定和有界線的親密關係。他們會一廂情願地以為努力付出就可以留住對方，以及肯定自己的存在價值。表面上，他們通常都受別人歡迎，形象是好好先生。

可是，他們有點像卻焦慮逃避型，不敢也不能面對自己的情感需要，覺得別人不可能滿足自己，唯有把需要擱置，繼續忙碌地承擔別人的需要。James 就是這類人。

4. 焦慮矛盾型（Anxious Ambivalent）

父母對他的照顧非常極端，給嬰孩很矛盾的經驗，父母心情惡劣時，會大吵大罵，有時心情佳，卻又呵護備至。成長後，他們在親密關係上搖擺不定，內心積累很多焦慮、惶恐、困惑、不安、憤怒、失望和無奈，在關係上翻來復去，有時對情人很好，感覺甜蜜，有時又懷疑漸生，惡言相對，充滿埋怨。而且，他們在情感上苛索無度，認為苛索可以肯定自己是被愛、被重視的。可惜，他們苛索的無底深潭是任何人都無法實現的，最終自己又落入無盡的失望之中。Cathy 和 Yoyo 都是這類人。

相依理論不但説明了人在親密關係中的相處模式，更道出人核心的自我觀念，人會藉着這些不同的（健康或不健康）自我觀念來生活。**健康的自我觀造就一個真正的自己，不健康的自我觀形塑一個本能的自己**。右頁是一個簡單的圖表。

	安全依附型	焦慮逃避型	焦慮抗拒型	焦慮矛盾型
自我觀	我是被愛的、有價值的。	我不被愛，以為自己也不需要愛，只有自己爭取自我價值。	懷疑自己是否真正被愛，愛與自我價值要靠努力換取。	懷疑自己是否真正被愛，愛要大聲疾呼地爭取。
與人連結	容易信賴別人，樂意接受別人關懷。	不易信賴別人，不信人間有情，凡事靠自己。	不易對別人開放，只會討好別人。	盲目追求別人關懷，經常測試別人。
行為情感表現	適應力強，敢於探索新環境和開拓關係。	麻木冷漠，埋沒情感，工作狂熱。	焦慮不安，但很少接觸感受。	動盪不安，情緒起伏不定。

可能當你讀到這裏，會有一點點感受，害怕自己落入某一類，感覺自己既似這種又似那種，甚至勾起一些童年回憶，心裏有點沉重；大抵你已經進入過去的痛、失望或者傷痕，也許是來自家庭關係，也許來自成長中其他的人際關係。這是正常的。上一節提過，反思過程需要一份勇氣，就是再次進入原生家庭的歷史和當中的感受，不容易的。但沒法「進入」，就沒法「走出」。有能力去分辨，就是一份力量。

正如上一節提過，父母之所以不能好好照顧孩子，或許有着他們難言的情況和原因，例如當時很忙很大壓力，又或也曾受過傷，未受過自己父母照顧以致未學懂照顧孩子等。

你可以嘗試想想，給自己一點反思空間：

將你的一生以五年為一組，例如一至五歲為一組，如此類推。你以什麼味道形容每一組？為什麼？

你曾否回想過自己在怎樣的環境下成長呢？在呵護、鼓勵和滿足，還是漠視、批評和缺乏的環境呢？

父母的婚姻關係是和諧的，是充滿衝突，還是冰冷的？他們有否離異？即使離異後，他們與你的關係如何？

你估計自己屬於哪種相依類型？

你可以向你信任的人分享以上經歷和感受嗎？

回顧成長走過的路，會發現自己更多。

關係要連結，要經營

當然，並非每個人都在非常滿意的安全依附環境下成長，不少人會缺乏自我接納的能力，或者常常感到別人不接納自己。但這不代表人際關係註定一敗塗地。事實上，人一方面要藉前文提過的方式自我接納，另一方面也要從人際關係上重新建立安全感，透過關係連結情感。

大家明白，建立關係不容易。關係要經營，是細水長流的。不過，即使細水長流，也有開始的一步。

「連結」的過程包括：

1. 請你認識我

自我接納與分享：自我接納在前文已提及過。分享是願意向人分享你的故事、喜歡自己及不完美的地方，以及夢想和願望。

真正連結的開始是放下自己的成見。人不能放下成見，往往因為曾經受傷，又得不到別人認同。**可以先嘗試尋找價值觀跟你比較相近的人做交心的朋友，讓他認同你受傷的感受，令你容易感到被接納，世間有溫暖**。這有助你漸漸學習對人開放和信任。

之後，我鼓勵你不用以為世界是冷漠的，是自私的。世界不一定如你所想般恐怖；也請你放下自身的情感需要，不要老是以為別人要滿足你，為你而改變。改變，先由自己開始。

2. 我也認識你

有了接納，人才會產生一種易地而處的能力，我們通常稱同理心，嘗試了解他人，以他人的眼光看世界，別人為何這樣想、有這反應，有這種感受和需要；不批評、了解他人的感受、傳達出你了解他人的感受。**同理心是重要的，這樣我們才能對別人多一份接納，願意和對方交心連結，否則一切關係都會流於表面。**

3. 我可以為你做什麼

想着「我可以為別人做什麼」，可以將自己「有的」（可能是物質、時間、情感、勞動力）供應別人「沒有的」。

同理心驅使我們為他人設想，幫助我們學習合作和配合，甚至推動我們幫助人，為人付出，不計回報。記得在第 5 章提過嗎？一種更有推動力的目標是自己的努力，在他人身上產生意義（impact），可以是幫助，可以是貢獻。最終，這種生命的交往能產生更大的自我接納。當然，這樣要一步步來吧！

以下是一個例子。

阿聰父母關係一直很惡劣，沒有好好照顧兒女，家人關係疏離，每個成員都感到不被愛，覺得自己是家庭中的受害者。這個家只像住滿陌生人的旅館。阿聰是家中的老大，可是他為人懦弱被動，沒有大哥的風範，弟妹從來沒有尊重他，也沒有關心他。因此阿聰對自己說：「他們不理會我，我也不會理會他們。」

阿聰畢業出來打工那年，父親突然病逝，阿聰目睹家中境況，想到現在不做點事，這個家快要分散。於是開始反思究竟自己在家中要擔當怎樣的角色和責任，他漸漸放下對家人的成見，明白弟妹都是受害者，各有自己的痛苦。

從前，他不會給家用，現在開始給母親家用，回家也嘗試主動問候弟妹的情況。初時，弟妹都不太理睬阿聰，當他隱形。阿聰一直沒有放棄，認為做了本分就心安理得，每逢家人生日都買份小禮物給對方。漸漸地，家人都感受到阿聰的改變，開始對他表示善意，漸露笑容，之後還有說有笑。這個家再次似一個家。自己也更像一個大哥，獲得弟妹尊重。

阿聰一向也很冷漠。他冷漠，因為曾經受傷，內心充滿恐懼，不知道別人是否接納自己。因為一次家庭危機，他學懂放下自己的冷漠和成見，開始體會其他人的感受，明白他們的情感需要（同理心），願意行出第一步，為家人付出一點誠意和心意。最後，他的真誠打動其他冷漠的家庭成員，復和的關係也為阿聰療傷。

所以，「做自己」是先要肯定和有信心去擁抱自己的好和未夠好的部分，也因着有肯定和信心，有能力「為他人設想」，這樣與人建立關係。最後，自己也能得到肯定。

這就是：I am happy because you are happy.

讀到這裏，請你細心想：你有什麼事或內心感受，不敢直接向相熟的人分享嗎？你的心理障礙是什麼？你又發現，總有一些人，你一直無法明白他或她嗎？所以你難以與他們連結。你曾親口問過他們的感受嗎？

請放下防衛，學習理解別人也貢獻別人。

建立社羣意識

記得前文提到阿德勒的社羣意識嗎？社羣意識是指我們在家庭、社會、職場等羣體中真正的歸屬感。很多人會對歸屬感產生誤解，以致一直未能真正融入羣體，享受在社羣中做自己。

誤解：

1. 認為要融入羣體，就一定要變得和別人一模一樣，才能獲得別人接納，所以害怕差異，在意別人的評價。

2. 以為融入羣體，是尋求認同，所以不敢展露不完美，跟別人不同的地方。

真義：

1. 人與人之間能夠彼此感覺被理解、被傾聽和被重視，彼此接納而不必擔心受到批評。

2. 為了歸屬於比自己更大的主體，只有對別人呈現自己真實一面，包括不完美的一面，因此「自我接納」與歸屬感是相輔相承的。

真正的歸屬感可以幫助人產生同理心、信任、合作和貢獻。這種合作性、共享性的社會意識由個人走到羣體，由羣體走向個人，可以放置在人際關係、職場關係、生命規劃等範疇之上。人生活在這種共享的關係中，可以驅除恐懼，獲取滿足感和被認同、被接納的感覺。

《勇氣心理學》一書提供了兩幅圖像，指出兩種生命的態度：一種是逃避和掩飾內心的恐懼（圖一）；另一種是由真正的歸屬感戰勝恐懼，從而學懂接納和開放，有勇氣前行（圖二）。

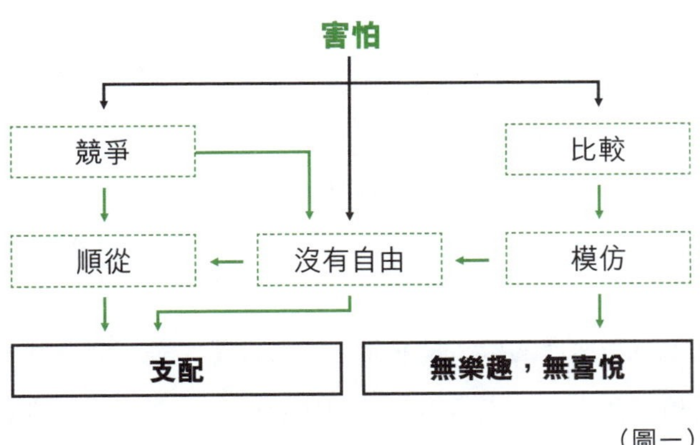

（圖一）

以上生命態度的背後是恐懼（害怕），當人懷着自卑感時，會容易走入一定要「自我提升」的常態，一旦自己不似別人優秀，就代表輸，而且害怕失落或失去融入羣體的地位，於是對人拒絕、懷疑、競爭，甚至支配的態度，也可能為求融入而變得順從，任人支配。

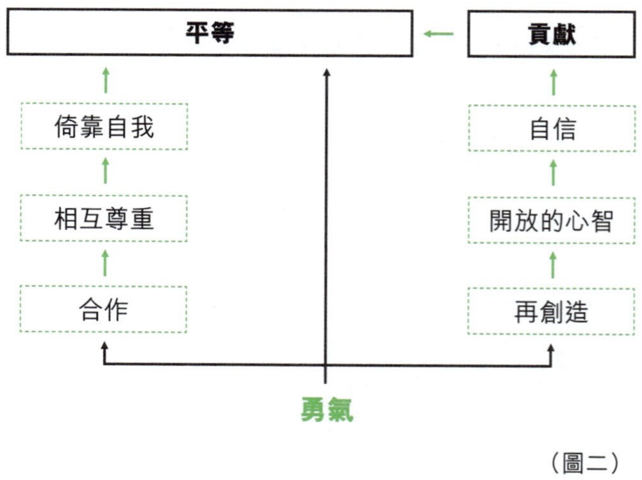

（圖二）

以上生命態度的背後是勇氣。沒有人是完美，我們都需要內在的力量調整自己，克服對別人的情感衝突與懷疑，抵抗需要獲取過量滿足感或安全感的誘惑，在失望和失落時自我安慰……所以我們需要勇氣。當人有了勇氣，自主能力會加強，心胸變得廣闊，願意與人合作，發揮貢獻，建立平等具創造性的關係。這勇氣可以從真正的歸屬感而來。

勇氣，是接納生命中的遺憾

建立關係的確需要一份勇氣，因為身處的世界並非如我們期待的完美和整全。這勇氣是接納對方似乎無法改變的缺陷，接納有些遺憾似乎無法修補，也接納生命中有時難免感到失望。痛，有時是祝福的代價。人知道痛，才會覺醒，懂得張開手去迎接真正的祝福。

勇氣，包括做一個有勇氣隨時隨地都可以放下的人。放下，就是放下一些過去的苦毒或遺憾，不是因為你偉大，而是學會愛自己，不要讓自己恣意沉溺於苦海之中。放下，就是放下執著，即使事情無法循你的喜好發展，也可以安然地繼續做個自如的人。

之後，你不自覺地從心裏生出一種 let go 精神。什麼是 let go 精神？就是每當你想要擁有一個人或一些東西時，雖然心裏不斷對你說：「最終意味着可能會失去。」仍然堅持信任，堅持付出，堅持愛，不再計較得與失。在關係中經過努力後，即使失去要放手也不怕，心存盼望，因為心裏知道一切已掌握在上帝手裏。這是一份對人最大的接納，叫做愛。

愛，需要一份勇氣。

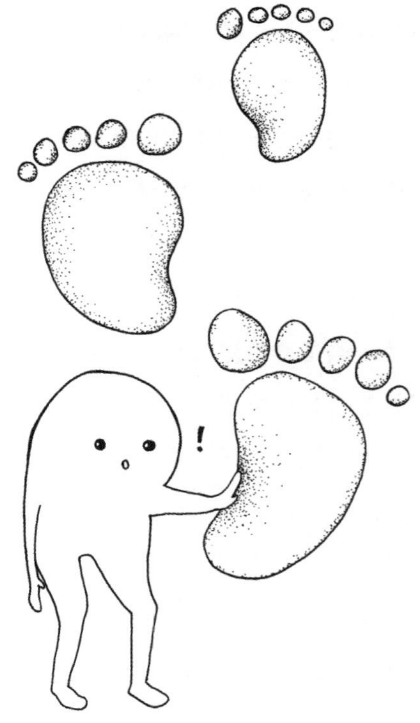

從過去的足迹，你會找到自己現在為何變成這個樣子，

學習接納自己，也能接納他人。

做自己 這裏開始

發現信號：用情感辨識自己

阿德勒說：「**身體與心靈不可分割**」，因為兩者都是生活的表現，是整體性的。而且心靈支配着肉體，為肉體訂下了動作的目標，決定了行動的方向。

情感佔心靈很重要的位置，同時因着個人的目標而主宰着行動。當我們要辨識自己內在的反應和動機，或者外在的行為時，先要學習掌握自己的情緒。

首先，我們要了解情緒有它的作用。例如，阿德勒認為：

焦慮：是一種控制自己的行為，推動自己向前的力量，及控制他人的手段。

憤怒：控制自己或別人，或一個處境的工具。

悲哀：對於有自卑情意結的人，是一種求助的信號；對於有優越情意結的人，是一種自憐，在不幸時提供一點舒緩。

用感觀辨識情感

要深入與人連結，必先克服內在的恐懼。克服方法是先以感觀為信號辨識自己。

既然內在的情感和外在的身體是相通的，我們不得不先從身體不同的感觀（senses）辨識個人狀態，知道「對！我感覺很自卑！」。我借用作家 Brené Brown 在《我已經夠好了》（*I Thought It Was Just Me (but it isn't)*）中的方法和問題。

自卑時，我身體的________會感覺到__________。

那感覺像__________________________________。

當我覺得________________時，我知道我很自卑或害怕。

如果我能嚐出自卑或害怕的感覺，那嚐起來像____________
______________。

如果我能聞出自卑或害怕的感覺，那聞起來像＿＿＿＿＿＿＿＿＿＿＿＿＿＿＿＿。

如果我能摸出自卑或害怕的感覺，那摸起來像＿＿＿＿＿＿＿＿＿＿＿＿＿＿＿＿。

給自己起碼 15 至 20 分鐘獨處的時間，細心把握身體的徵兆，體會感受，讓自己可以傷心哭一場，可以大力深呼吸，甚至大聲歎氣。

做自己 這裏開始

恩人榜與助人榜

試找出十個影響你的人物，他們可以是你的親友、師長、萍水相逢的，甚或在電影、書本及歷史上看過的。十個人物，或者有點困難，但不用太快放棄，花點時間回想生命中聽過、看過、經歷過的點滴；包括他們曾經關心、照顧、教導、安慰、聆聽、陪伴、明白或體諒過你的片段。

十個恩人，各人——

- 與你的關係：____________________
- 對你的恩惠：____________________
- 估計他們會認同你哪方面的為人或看法：__________
- 如此，滿足了你哪些情感需要：____________

你或會感到自己微不足道。但請你用心想想，一個微小的幫助、一句好話、一個關懷的笑容、一份接納，都能成為別人沙漠中的甘露。

十個你對他有恩的人，各人——

- 與你的關係：＿＿＿＿＿＿＿＿
- 你對他們的恩惠：＿＿＿＿＿＿＿＿
- 估計他們會認同你哪方面的為人或看法：＿＿＿＿＿＿＿＿
- 如此，滿足了你哪些情感需要：＿＿＿＿＿＿＿＿

你發覺兩者當中，大多數人認同你哪方面的為人或看法？

勇

勇氣的源頭

被神完全接納

活出真我

被神完全接納

前文提過，自卑和自大的人太在乎別人眼光、會比較、容易自責。這種看待自己的方式，會無限延伸，甚至放到信仰上。他們認為上帝看待人，是透過他們自訂的標準，或者估計別人眼中怎評價你這個信徒而來，但這不是真像。**如果做自己的勇氣是一份對自己的接納，自卑和自大的人最大的困擾是，難以接受上帝完全無條件地接納他。以下是兩個例子。**

未擁抱接納的信徒

Jack 自小在學校認識基督教，曾經參加過不同的教會，但是信仰一直不能扎根，他認為這跟個人性格有關。他對事對人總帶着懷疑態度，而且常認為自己不易被人接納，甚至上帝都未必會完全接納他，因為做一個基督徒的標準很高。有時，他不敢確定死後可以上天堂。最近幾年，工作給他無比壓力，所以他自費報考一些專業考試，希望轉行。同時 Jack 為了轉工和考試一直積極祈禱，也請很多人為他祈禱。可惜，他連續兩次考試都不及格，轉工幾乎無望。Jack 開始懷疑上帝和自己，究竟上帝真的愛他嗎？有聽他祈禱嗎？這種信仰不算火熱的人，上帝會幫助嗎？他內心產生一份憤怒，但又認為信徒不可以遷怒上帝，否則會遭受更大懲罰。Jack 對信仰漸漸感到無所適從，心灰意冷，再不想返教會。

「一次得救永遠的得救」的道理人人都知，但不是人人領會。Jack 的信仰觀是，他為自己擬出一份清單或評審標準，只要自己達到，有「好表現」，上帝才會愛他，祈禱才蒙應允。他的表現近乎自卑情意結，只是認知上帝有無條件的愛，卻不能親身感受和確認。這可能和他內心對作信徒的標準的誤解和害怕有關。

Bess 初當青年人導師，很想有所作為，所以常常致電青年人，詢問她們有什麼需要，情況如何、生活如何，又不斷講述《聖經》和自己的經歷，希望可以「建立」青年人。但由於關係未深，青年人自然不會對她交心。有時 Bess 聽青年人分享，渴望聽到他們受自己影響的經歷，可是大家關係尚淺，也不能帶來什麼生命影響，她自然容易失望。Bess 開組時又容易與別的小組比較，眼見別人的組員更多更投入，自己暗生失望。不久她已感到事奉使她心力枯竭。

Bess將信徒關係與個人表現掛鉤，弟兄姊妹成了她的成績表。換句話說，她很需要別人的肯定和認同，只要獲取認同，她對信仰會感到實在一點。可是，她那近乎優越情意結的追趕，只會令她疲於奔命，無法享受信徒單純關係的甜美。

表面上，Jack和Bess沒有很大問題，起碼他們仍然上教會，在教會事奉，而且也很愛主，同時渴望神的愛。可是，他們未能解決內心對愛和肯定的渴求，因而對自己、對上帝產生很多懷疑，未感受到從神而來的完全接納。

有些信徒原來一直未能完全接受上帝的接納，過着一種不真實的屬靈生活，成為不真實的基督徒。我們慣於在人前表現得很「屬靈」，將「屬靈」等同端端正正，不容有錯，只說「天上的話」，而不談「地上的事」。這種信仰是不踏實的，也使人無法在主裏做真正的自己。所以，我們得重新檢視信仰，看自己處於一個怎樣的光景。面對信仰比面對自己更要勇氣。

天父的接納

要在主裏做真實的自己，先了解神如何看我們。這是一個大家耳熟能詳的故事。

父親有兩個兒子。小兒子生性放任懶散，所以家人和親友看他沒出色，還心想父親忽視他，一定不會看重他。他見父親一直將家族生意交在大哥手上，更引證他的想法。

一天他毅然向父親要求分家產，揚言出走以後不會回來。父親聽了當然很傷心，也害怕永遠不能再見這個兒子。可是，小兒子實在太決絕，父親不得不順應他的要求，希望有一天他可以浪子回頭。

小兒子帶着豐厚的家產走去另一個村莊，開始他的新生活。可是，他那懶惰的習慣沒有改變，甚至結交了損友和壞女人，不但花光分文，有時更餓得要偷吃人家的豬糧維生。在萬念俱灰和走投無路之下，他想起他的家人，心想不如回家向父親求饒。但他心裏實在很掙扎，根本沒面目回去見鄉親。最後，他對自己說，死就死吧！有什麼比現在的光景更差？大不了就在家中做牛做馬，比做一隻苟且偷生的豬還好。於是，他踏上回家的路。

父親一直在家門外望穿秋水，盼望小兒子一天回來。今天，他等到了，遠遠望見小兒子回來，心裏非常激動。他跑上前，用雙手擁抱着回來的小兒子。而且，更打發下人，為小兒子設宴洗塵。在宴會上，他脱下指頭上一枚戒指，親手戴在小兒子手上。小兒子一時愕然，雙眼不斷流淚。

那邊廂，大兒子把一切看在眼裏，心想：「父親這樣做，簡直在大家面前落我的面，他把我看成是誰？我辛辛苦苦為了這個家，原來自己連一個僕人都不如。」愈想愈憤怒，一怒之下衝出大廳，大聲疾呼：「不公平，不公平！」

父親見狀，心裏難過，於是走進大兒子的房間，用溫柔的雙手搭在大兒子的肩膀上。雙手感受到大兒子身體的抽搐。父親説：「其實你一直在我身邊，我所有的已經屬於你。你是我心頭上的一塊肉。」大兒子一面聽一面痛哭，想起父親的確未曾待薄過他，為何今天自己如此激動，如此小心眼？

這個父親和兩名兒子的故事記載於《聖經》（〈路加福音〉15：11-32），通常稱為浪子的比喻。這個故事，以父親比喻天父以無條件的愛，接納兩個不能接納自己的兒子。天父的確如此接納和重視我們，視我們為寶為尊。

小兒子性格自卑，處處與哥哥比較，因為哥哥性格勤奮且擁有長子名分，自己就相映成拙；他一心以為靠父親的家產可以幹一番事業，最後落得一敗塗地，過着比豬更苦的生活。自卑情意結令他選擇閒懶和放縱，失敗後更沒面見人。

大兒子忠心勤奮，卻性格自大。可是，事業並未給他多少安全感。當他聽見歡迎弟弟的歌樂聲，心裏酸溜溜，又埋怨和比較父親如何對待自己和弟弟。優越情意結雖然推動他積極工作，以換取父親的關愛和重視，同時也引發他的妒忌和憎恨。

故事的高潮是父親如何接納兩個孩子，接納他們都是他所愛和帶給自己快樂的兒子。**父親對小兒子的接納是無條件的包容，把他的地位和身分提升，他永遠是自己的愛子；而父親向大兒子所表達的是「重視」，重視對方的程度等同自己一樣，所以說：「你常和我同在，我一切所有的都是你的。」**

這個故事勾畫了上帝對人的接納，天父對我們的接納不是計較我們的身分和本質，而單單因我們是祂的兒女。我們是祂心頭上的一塊肉，跟祂不能分割。「你看父賜給我們是何等的慈愛，使我們得稱為神的兒女。」（〈約翰一書〉3：1）

以信心接受上帝的接納

即使上帝以這種方式接納我們，而每個人都想獲取上帝的接納，可是雙方卻無法接上，為什麼呢？原因是沒有信心，未能完全相信神可以接納我這個不完全的人。要接上，需要一份勇氣。接納是能夠全然擁抱當下所有事情的發展。德裔美國神學家田立克（Paul Tillich, 1886-1965）把勇氣稱為「存在的勇氣」（courage to be），就是接受神的恩典。

田立克在《存在的勇氣》（*The Courage to Be*）中說，如果要擺脫屬靈的不足和焦慮，及內心深處的恐懼，就要運用「存在的勇氣」。這勇氣不在於我們有多不足，也不在於我們做了多少，乃源於上帝對罪人的赦免，足以除去人對死亡深層的恐懼。所以，「（存在的）勇氣是『即使』面對不能肯定自我的種種阻礙時，『仍能』自我肯定。」

這份自我肯定不受任何道德、知識，或宗教的「先決條件」所限，乃出於那位超越的上帝赦免了我們的罪，引導我們將來在終極審判中得稱為義，得以更新，享受與上帝的永遠團契。

「因為神不是預定我們受刑，乃是預定我們藉着我們主耶穌基督得救。」(〈帖撒羅尼迦前書〉5：9)

這份肯定來自自己嗎？不是，乃是出自神的恩典。只有透過救恩，不義的人得稱為義人；不得接納的人得蒙接納，可以勝過一切的罪債與被定罪的焦慮。他因此説：「**存在的勇氣乃是不顧自己是不得接納的，而接納自己為已被接納之人的勇氣……事實上這就是保羅和路德『因信稱義』的教義的真正意義。**」基督的救恩是愛與接納。由「屬靈的自卑」轉化成被基督肯定，認識到「神愛世人，甚至將祂的獨生子賜給他們，叫一切信他的，不至滅亡，反得永生。因為神差祂的兒子降世，不是要定世人的罪，乃是要叫世人因他得救。」(〈約翰福音〉3：16-17)

不論自己是否獲得周遭的人接納，身邊的人與你擦身而過忽略你，對你的事充耳不聞，不想跟你深入往來，令你感覺被遺棄，被拒絕……然而，這一位上帝仍能接納你，使你一切徒勞無功的掙扎可以停下來，一切的綑綁可以鬆脱，一切的罪污可以洗淨。

如何能夠？藉着十字架的恩典。**十字架道出了祝福、赦免、喜樂，及與神和好。罪會對你說，你罪有應得，要被刑罰；而基督的寶血卻對你說，我流出來，是為了使你罪得赦免，與神和好。**

人如何能做到？就要靠接納自己的獨特性及上帝賜的生活勇氣，唯有信心才能做到。信心就是相信尚未發生，並有勇氣接納事物的本來樣貌。

存在的勇氣就是在不被他人接納時，仍能接納自己，因為自己已得着上帝的接納，這是一份得接納的勇氣（courage to be accepted）。**就是認知我們的價值是在上帝裏面，祂的愛會激勵我們真誠愛他人，不害怕表露自己的不完美。即使別人未必立即接納我，這份勇氣使我們確認上帝仍然會維護我。**

伸出雙手的四個步驟

好了。你想伸出手讓上帝接納你。可是你仍帶着懷疑，看到自己滿身罪孽和不足，如何走近上帝呢？ H. Newton Malony 及 David W. Augsburger 在 *Christian Counseling* 一書中建議四個步驟，有助我們一步一步接受神對我們的接納，然後重建對自我的看法。我先用一個例子去說明。

Jim 自小在教會長大，高中時已是團契導師。然而，他內心一直感受不到從信仰而來的平安，他認為自己無論如何努力都不夠完全，都不符合上帝的心意。Jim 有手淫習慣，對於性試探不能自拔，所以感到自己很污穢，有時以為多在教會事奉可以補償罪過，但又感到自己不配事奉；有時想離開教會，又怕上帝懲罰。教會的弟兄姊妹讚賞他很屬靈，他反而羨慕他們內心的「自由」。

一次，Jim 真誠地向弟兄姊妹坦承自己手淫的問題。弟兄姊妹和牧者開始不時勸導他不要再犯。可是，事與願違，他始終不能戒掉這個壞習慣。這時候，他開始不再討厭自己，也沒有怪責弟兄姊妹，反而憎恨上帝。

他質問上帝：「為何你使我有性的慾望，但你卻不幫助我，任憑我繼續犯罪；但犯了罪，你又不原諒我，你實在把我玩弄至死！」

他心中天父的形象，是個審判的上帝，根本感受不到那慈愛的上帝。

人的扭曲可以把信仰也扭曲。我們要有勇氣走到神面前，讓基督的寶血洗淨我們，使我們成為新造的人。以下是四個步驟：

第一步：記起（remember）

我們要回想神的應許。祂的應許是神愛世人（〈約翰福音〉3:16）並且「我們若認自己的罪，神是信實的，是公義的，必要赦免我們的罪，洗淨我們一切的不義。」(〈約翰一書〉1:9)。所以，我們的價值不是建基於成敗得失，而是神的愛。〈羅馬書〉已經提醒我們，神已經寬恕我們一切的不好和罪，幫助我們重建原初的「好」。保羅在〈羅馬書〉5 章 8 至 11 節說：「唯有基督在我們還作罪人的時候為我們死，神的愛就在此向我們顯明了……我們既藉着我主耶穌基督得與神和好，也就藉着他以神為樂。」

Jim 可以回想教會和《聖經》中的教導，記起這是怎樣的神。很多人有困境中往往想抓住「如何」(how)，而忽略了更重要的「誰」(who)。他要認識這是一位守約施慈愛的主。雖然這是頭腦上認知，但起碼開始把自己從問題稍為抽離。

第二步：重新肯定（reaffirm）

記得神的寬恕只是開啟我們的認知，但我們仍然需要**親身體會**。沒有真正的體會，一切都停留在頭腦。

如何體會？首先要透過祈禱和安靜。「你們要休息，要知道我是神！」(〈詩篇〉46：10）只有經常在神面前靜默和等候，才能經歷聖靈在當下和生活中，讓你體會神的同在，「這個神是真的！」經驗祂關心我們各方面的需要。

馬丁路德説，愈忙碌就愈要祈禱。Jim 是個忙碌的人，他要刻意訂下安靜和祈禱的時間。在安靜中，他可以細想究竟自己有多混亂，多迷茫，多傷心。他雖然帶着很多包袱去面見神，無法自由地接觸上帝，但祈禱可以幫助他專注聆聽自己內心和聖靈的聲音。

第三步：悔改（repent）

記得神的應許，有了體會上帝的決心，我們才可以進一步接觸內心的空洞、阻礙和罪。這些空洞、阻礙和罪往往是打擊我們自尊的東西，只不過我們平時不敢面對。認罪，其實這是一個**自我省察**的過程。自我省察是信仰重要的元素。

保羅在〈哥林多前書〉11 章 23 至 28 節為我們作了一個示範。他重溫主耶穌的聖餐，之後鼓勵「人應當自己省察，然後吃這餅、喝這杯。」省察是認罪的開始。Jim 不但要省察己罪，更要省察什麼東西和煩惱使他犯罪，在犯罪前、罪中和犯罪後的感受，自己如何不能面見神等，一一向神細訴。

以上三步的預備，目的是增強對神的信心（faith），有助進入第四步。

第四步：再確信（reassert）

我們不能抽離現實，將所有問題過分屬靈化，定名為「靈性差」。信仰不是逃避問題的手法，也不是假象（illusion），相反是幫助我們正視問題和現實。重建對上帝的信心，給予我們勇氣面對現實，**面對現實的意思是要確認：人的問題和不幸，未必一天可以解決，我們還需要一份勇氣和忍耐，接受人的限制和無力，等候神的工作、時間和安排。**

Jim 認了罪未必代表他可以立刻接納自己，尤其當他發現自己仍未完全改變過來，他可能會對自己沒信心，但重點是人對神的信心。「對神有信心」是自我接納的開端，相信祂會按祂的心意和時間表實現祂的國、祂的義。Jim 無論跌倒多少次，還是要學習堅持信，堅持不住祈禱，也要找信任的人守望。

迷路的朝聖者

> 有一位朝聖者獨自流浪十年去尋找聖城。奇怪地，他一直踏着一種令人費解的步伐，每向前兩步，便退後一步，因而白費了很多時間和精力。如果一直沒法找着聖城的方向，他還是選擇這種步行方式。
>
> 直至有一天，他放棄獨自尋覓，願意詢問途人，結果有人指示他聖城的方向，並願意與他結伴同行。那時候，他自我反省：「原來我要走到聖城，必須放棄這種花上十年時間的錯誤習慣模式，早早詢問別人。」

故事中迷路的朝聖者的問題是，他一直沒有真正面對自己，沒有尋求他人幫助，只活在自己的象牙塔之內。我們很多人都過着以為「很正常」的宗教生活，上教會、事奉、熱心行善助人……還以為自己活得很好，究竟我們花了多少時間赤裸裸地面對神？在祂面前承認自己的軟弱和痛苦，真的需要祂的拯救，將生命的主權完全交給祂？

很多人的信仰要不只留於理論和頭腦，要不過於感性；前者只會明白神的愛，而感覺不到祂的愛；後者只選擇性地看到上帝或信仰對他有益有感受的地方，而忽略了上帝超越的愛，即無論境遇如何，愛不改變。信仰要頭腦（head knowledge）和感性（heart knowledge）兼備的。信徒要從《聖經》和神學知識上豐富自己，也同時要面對內心真實的自己（可能是軟弱或醜惡的），將自己的心靈和理性結合，才是一個整全的人，才可以活出真正的自己。並且，全然交託主，才可以經歷在神裏面的醫治和更新。

改變由祈禱開始

祈禱是大有功效的。倘若你發現自己有以上類同的情況，我邀請你認真地在神面前安靜沉默起碼 15 至 20 分鐘。如果你已經不能祈禱的話，希望以下禱文可以幫到你，先看一次，之後再逐句讀禱。

統管天地的主，我願意放下我的意志，以你的意旨為依歸。
從一切背叛上帝的混雜心志中，從一切怯懦推卸中，
從一切逃避危難，抗命閃避中，從一切不滿現狀的怨尤中，
從那艷羡別人的幸運而生的妒忌中，
從那疏忽自己的天賦，自怨未蒙賜予更大稟賦的心情中，

從那非人所應有的驕矜中，從那不受控制的思想中，
從那不願學習，不願採取行動的態度中，
主啊！求你釋放我。

父上帝啊！我雖與祢疏遠，祢卻與我親近，
即使當我以為離棄我的時候，仍然近在咫尺，
求主使我的意志失敗，那永恆旨意在我心中勝利，
求主使我堅信主的能力與真實，
求主使我對這塵世的人生有更深刻的了解，
求主使我對永恆的生命更有把握，
求主使我更加仰望那未見之事，
求主剪除我的妄念，澄清我的思想，
求主使我能更深切、仁慈地愛人，願意替別人擔負重擔。

主啊！我把我的心靈，與那一切愛我的人與我所愛的人的心靈，
都交託在祢的看顧之中。
奉主耶穌基督聖名。阿門。

（摘自《私禱日新》）

上帝照我們本相接納我們，從此我們得安息。

活出真我

很多人活得不快樂，因為不懂接納自己的弱點與限制，不是要求自己太高，就是感到自卑，愛比較，在意別人的評價，並且喪失生命的選擇權。讀到這裏，你應開始明白做自己的重要和做自己的方向。

不過，你可能開始想到一個很重要的問題：做自己會否變得自我中心？美國兩名心理學教授珍・圖溫吉（Jean M. Twenge）和基斯・坎貝爾（W. Keith Campbell）花了多年時間研究社會現象，寫出《自戀時代》（*Narcissism Epidemic*）一書，當中提到「愛自己、做自己」可能帶來自信和力量，同時可能令人變得自戀，因而過度自信，無視現實，不顧人際關係。

在當今個人主義主導的時代，人常常把「接納」掛在口邊，反而容易形成自我中心和放縱。個人主義鼓吹自我中心，少去為他人着想，往往單從個人角度作判斷。當人擁抱着這種自私的心，活在狹隘和孤單的世界，怎會快樂？

信徒更可能會問：做自己會否違背《聖經》所教導的捨己呢？事實上，過去有些基督教教會牧者可能怕心理學跟《聖經》教導不符，說心理學常常鼓勵人「做自己」（be yourself），似乎有違《聖經》教導的捨己和效法基督的精神。時至今天，相信很多教會已經對心理學進一步了解，**明白「做自己」其實是叫人更接納自己（accept who I am），找出適合自己的路，並且開始探索人的心理本來就是以人的本源，即從神造人談起。**

誰是「真」我——上帝的創造

「做自己」更正確的說法是「活出『真』我」（be authentic）。怎樣才算「真」我？喜歡幹什麼就幹算嗎？愛自己比愛他人多又算嗎？要了解，便要認識神造人的原型，這才算「真」。

真我，包含兩個部分，一個是人性的本質，另一個是人的身分。

真我不是自我，也不代表自私。相反，真我應該是共存共享

的關係。因為人的本質是「關係」。

「神說：『我們要照着我們的形象，按着我們的樣式造人。』」（〈創世記〉1：26）

這裏包含以下事實：人的原型出於神，本是聖潔的。這原型裏是一種「關係性的存有」（relational being），正如上帝都說自己是「我們」的三一關係。當我們提到聖子，不能不提聖父和聖靈。當我們提到聖靈，不能沒有聖父和聖子。這是我們常說的：我中有你，你中有我。

真我本質：關係性的存有

當我們提到個人，這個人不是單獨的個體，而是在羣體關係中的個體。《聖經》〈創世記〉說：「那人獨居不好」，孤寂並不是神造人的原意。

同樣，在心理學上，「成長」是由無數曾經出現的人影響和互動而成。所以，**「做自己」的「個人」，不是個人主義，而是有關「在他人中間」的個人，做一個生活在社羣中的自己，而不是生活在孤島上的自己。**

而且，上帝的三一關係以「愛」連結，彼此相愛，彼此服侍。所以人的「真我」也要對他人發生興趣，願意替他人着想，願意貢獻他人，要擺脱自私的心態、自我中心的判斷和考慮。

活出真我其實與捨己沒有衝突。捨己的意思是放下舊我，學似基督；而活出真我，正是神按祂的形象所造的原型。

真我身分：兒子的名分

什麼是身分？身分是在他人面前我是誰，或者説，我與他人之間產生一種怎樣的意義。身分，實際上是一種關係，給予我們生存的意義。例如，一個母親的身分源自母子關係，一個老師的身分源自師生的關係，基督徒的身分就源自天父與我們的關係。

「你們所受的，不是奴僕的心，仍舊害怕；所受的，乃是兒子的心，因此我們呼叫：『阿爸！父！』」（〈羅馬書〉8：15）

如果生命一直被罪、被過去傷害所轄制，就只有奴僕的身分，失去心靈的自由。有些人誤以為做自己是想做就做，其實甘願選擇不做那些可能有違或損害自己或別人的事，才能擺脱心魔的轄制；也有人明知要做的卻不去做，原因是麻木或逃避，自由卻是突破內心的恐懼，找出適合自己的方法行事。

所以我們需要一個新的身分，就是天父兒女的名分。耶穌基督深知道自己在天父裏面的身分，所以有一份真自由，因為祂有種屬靈的自我覺察，知道自己是神所愛的兒子，祂的本質就是屬於神。當耶穌在曠野被魔鬼試探時，祂堅定地確認自己是神的兒子，不被牠的話誘騙。

我們要學似基督，確認兒女的身分。因此，**我們要認識人的限制和罪性，漸漸放下現時殘破軟弱的自己，重新覺察神「原本」（authentic）給人寶貴的身分，重現這本質。**

真正的自己，是照着上帝形象造的。

基督教信仰與社羣意識

信仰鼓勵信徒要認識自己已經被至高者接納；願意親近上帝的同時，也願意與人真實的連結；以上帝召我們的工作為服侍方向，接受全能者引導，這樣信徒就得着信仰中的豐盛與平安。

這個進程同樣適用於信徒的成長目標。我看信徒的成長目標和歷程，跟阿德勒的社羣意識有彼此呼應的地方。社羣意識代表一個人健康成長的目標，當中包括接納自我價值、連結他人、與他人共享。

當我們回到人的本質來談活出真我，就是以耶穌基督為焦點的意義。

保羅給我們留下一首很美麗的詩歌，歌頌基督捨己為人的勇氣，最後得着父神所賜的榮耀。其實，那位最能體現以上最高境界的榜樣，正是主耶穌基督。

> 祂本有神的形象，不以自己與神同等為強奪的；
> 反倒虛己，取了奴僕的形象，成為人的樣式；
> 既有人的樣子，就自己卑微，存心順服，
> 以至於死，且死在十字架上。
> 所以，神將祂升為至高，又賜給祂那超乎萬名之上的名，
> 叫一切在天上的、地上的，和地底下的，
> 因耶穌的名無不屈膝，無不口稱「耶穌基督為主」，使榮耀歸與父神。
>
> （〈腓立比書〉2：6-11）

這首詩歌正與社羣意識的三個層面呼應：自我價值、連結他人和服侍使命。

在主裏的自我價值

保羅簡潔地描述了耶穌基督由「自己卑微，存心順服」到「升為至高……那超乎萬名之上」的經過，展現祂如何親身示範謙卑，並且帶給我們一點啟示：上帝配得至高的榮耀，所有人在祂面前，無分大小，同為渺小。確認自己的身分，可以甘心樂意接受卑微；因為明白自己本有造物者榮美的形象，在上帝眼中帶着不是可以自我衡量的價值。

以憐恤的心與人連結

保羅同時指出，耶穌基督取了人的樣式，道成肉身，住在人中間以接觸人，親身體會人世間一切苦難；而不是遠遠地觀望，這是同理心的極至實踐。

當然我們也要學效基督，實踐方式是：看別人的需要比自己的更重要（〈腓立比書〉2：4)。正如彼得說：「總而言之，你們都要同心，彼此體恤，相愛如弟兄，存慈憐謙卑的心。」(〈彼得前書〉3：8）同心、體恤、相愛、慈憐和謙卑是一體的。即使我們覺得別人不值得憐恤，也要效法耶穌，像祂憐恤罪人、社會上的邊緣人一般。實踐真正與人連結，會使你更懂得謙卑，反之亦然。

以上帝的使命為首

保羅描寫，耶穌基督清楚自己的使命，就是死在十字架上，解脫人死亡的軛，最終將榮耀歸與父神。當然，祂也曾掙扎過，在客西馬尼園曾求天父挪走手中的苦杯，但最後祂知道要成全天父的意旨，完成救世的工作，而不是個人的意願。

同時，這是一種放低自我的使命。摩西最初不願承擔帶領以色列人出埃及的責任，因為他沒有信心；之後他勉強去作，路途中不斷受眾人批評和攻擊，理應放棄。可是，他堅持使命。

一次，約書亞妒忌兩個族中長老沒有親身到會幕接受「祝福」，卻仍然能説預言，自己反而沒有這個能力，所以向摩西投訴。當時，摩西回應約書亞説：「你為我的緣故嫉妒人嗎？唯願耶和華的百姓都受感説話！願耶和華把他的靈降在他們身上。」(〈民數記〉11：24-29）摩西心中放下嫉妒和自我，寧願每個人都可以完成上帝的使命，以上帝和服務眾人的工作為大前提，比個人的榮辱成敗得失更重要。因為他知道自己的價值建立在神裏面，而不是功績上面。所以，神這樣稱許他：「摩西為人極其謙和，勝過世上的眾人。」(〈民數記〉12：3)。

當人願意順服主的召命方向，愈能肯定自己的價值，愈被肯定，就有力量服侍他人，從相交中再得力。

賣醉的農夫

一名農夫離開自己的妻子，赤腳從鄉間走到城市闖天下，希望賺夠了錢，便回家跟妻子團聚享清福。

幸運地，他賺了很多錢，準備衣錦還鄉。回程前，他買了一副新鞋襪。當他路經一間酒吧，就用剩餘的錢買很多酒，而且喝得酩酊大醉。醉醺醺的他走起路時搖搖晃晃，更一不留神倒臥在馬路上，不省人事。

不久，有個人駕着一輛馬車經過，車夫望見農夫的身軀擋着去路，便向他大聲呼喝，叱令他立刻走開，否則就輾過他的雙腿。當然，農夫已經失去知覺。於是，車夫再次大聲呼喝。那時候，農夫宿醉方醒，抬起頭，望望自己，只見自己一雙腿。當時，他腦海中仍然想起過去的一雙赤足，卻認不出已經穿上新鞋襪的雙腳。

於是，他竟然回答那個車夫，說:「輾過去吧！那不是我的腿！」

這個故事出自丹麥神學家祈克果（Søren Kierkegaard, 1813-1855）。故事説明了什麼？**有些人看不清真正的自我，好像人老是停留在舊日的老我，不願改變，最後連真正的自己都認不出，被世界很多事物和價值觀影響和傷害，卻懵然不知。**結果，自我傷害，也不能跟家人團聚，多可悲！

朋友，你今日可能討厭自己，但你想想，你討厭自己的地方原不是神造你的原型。神造你的原型是一個被愛的個體，也是一個有能力和願意去愛他人的個體，並且讓你置身人羣，經歷以上兩個特質。

做自己的勇氣：接納

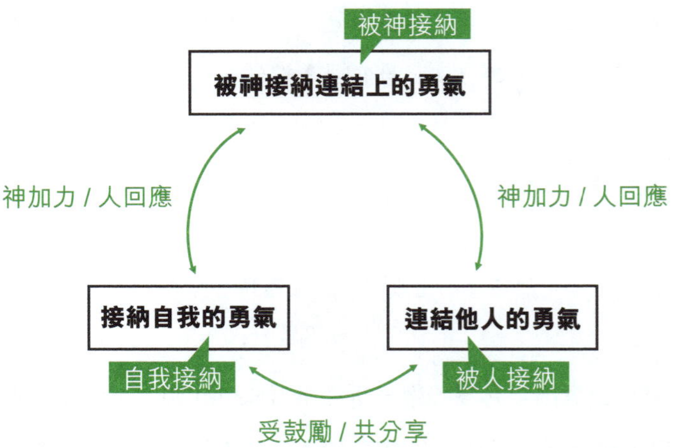

何謂做自己的勇氣？大膽冒險？臨危不亂？不斷向前的力量？大致地說，以上的形容都沒有錯。做自己的勇氣協助人面對紛亂、多元價值觀、挑戰與誘惑時，仍能堅持個人的內在信念和力量。

但我想用一個更貼切的形容。做自己的勇氣，是一份接納——

- 對自己的接納，就是愛自己；
- 對別人的接納，就是愛他人；
- 讓上帝接納你，就是對上帝的信心。

愛是勇氣的核心。藉此，我們可以接納生命中的不完美，接納過去的遺憾，接納近乎無望的失望，接納所愛的人不能改變的缺陷，接納上帝對我們那無條件的接納。

接納在拉丁文的字根有「拿去，把握，捉住」的意思。而接納有兩種：一種是對自己說：「接納吧！生活都是這樣！沒法改的！」這是一種無奈的接受。另一種是**聆聽自己的內心，自我勉勵：「接納，是為了走更遠的路。」**

記得開首時提過，勇氣在拉丁文的字根有「心」的意思，如果將接納和勇氣結合在一起，意思可能是：**打開你的心，準備迎接別人（包括你自己）對你的愛。**

勇氣是關乎「心」的事，只要一個人能夠認清自己的心之所屬，能夠懂得在挫敗後撫平自己的心，能夠以心為心地跟他人連結，能夠將心完完全全交給上帝的時候，做自己的勇氣就會出現。

勇氣要孕育的，這是一場心靈之旅。

勇氣來自賜勇氣的神。

結語：朋友，勇敢走一趟吧！

當你讀到這裏，有什麼感受呢？做自己，不容易吧！

有兩種運動給我很大的啟發，一種是馬拉松，另一種是滑雪板。

我跑了全程馬拉松十年。從起初至今，每個階段的體會都不同。記得第一次上線跑，看到附近的跑手就想超越他，超越一個又想超越另一個，希望達到最佳時間。可是，未跑到一半，已經開始感覺體力驟然下降超過一半。無奈地，後半段要一拐一拐地完成。時間、成績當然不理想吧！第二年，想好了，一定要留前鬥後，前半段用比較輕鬆的步伐，後半段就可以加速。可是，跑了一半，想加速時，雙腿已經不聽話，怎也不能跑快一點。結果成績也一般。

幾年後，我開始掌握馬拉松是怎麼一回事。原來，馬拉松是「跑自己」。跑自己的意思是，努力去跑，不比較，不好勝，不用怕被人超前，因為總有些人會超前你，也總有些人超前你後會再落後於你。老是看着別人跑是枉然的。要做到這一點，每次都要專心努力去跑，你會更認識自己的體質和機能，把握自己的節奏，令意志跟身體連成一體，就會跑出自己的成績，叫 personal best。**Personal best 這個稱呼很有意思，因為人生旅程確實是很 personal（個人）的。**

跑，只要有雙腿就可以，但滑雪板卻不是一種容易上手的活動，因為它的原理跟平日的步履剛好相反。例如我們走下坡路時，為保持平衡，重心會向後，而滑雪板卻要人重心向前。基本上，雪板會在雪地上以「S」路線滑行，轉彎叫 turn，而 turn 的方式有很多種，千變萬化，有些比較容易掌握，有些比較困難。那麼困難的比容易的好？不一定。什麼時候用什麼技巧？也沒有絕對定律。滑雪板的樂趣是，不用別人規定你要如何 turn，如何滑，而是玩家可以選擇一種配合個人風格和喜好的方式。可以說，**玩雪板是一種自我的表達（express yourself），因為踏着雪板的人正是你。**

究竟一個人怎樣用雪板去表達自己呢？這是一個過程。過程中，要學習，要練習，有時也要觀察他人，掌握應有的技巧。不過，最終還是要以自己的方式去滑，目的是享受其中。

做自己，是過程

我很喜歡這本書，因為裏面或多或少都是我的個人寫照。我原是個很自卑的人。有些人天生有很多缺陷，所以自卑；有些人有點才幹，但社會和家庭要求太高，所以自卑；有些人很能幹，但一直懷才不遇，所以自卑。或許，我種種都有點吧！我可以説，書中很多「方法」都不是「研究」出來，而是自己活過多年後想通的。

我的確花了很多時日、努力和勇氣去掙扎、埋怨、質問、流淚和等候……今天我可以説，我會接納自己：「不夠好！」「沒人家出色！」「沒卓越成就！」「沒宏大的理想！」當然，偶爾我都會歎氣或者不屑別人「有什麼了不起！」但是，這些念頭都在一兩秒之間一閃而過，之後就對自己説：「我就是我，我已經夠好了。至要緊是活得快樂！」

可能你會問：「何時才能真正做到自己？」我會説，做自己是個過程。這過程，由今天開始直至死的一天，不會停止的。我們只有盼望一天比一天更認識自己，活得快樂更多，享受生命更多。**做自己的過程，重點不在於到達哪一個地步才算水到渠成，**

而是要增加對自己內在的理解（make sense of yourself），你自然會有多幾分內心的自由，讓生命有更多選擇。再想，即使最後仍未達到或者一事無成，又如何？都要有勇氣去相信我們在神眼中依然是美好的。

你也許會再問：「怎知道哪個才是真正的自己？」我會答你，我不知道！上帝應該知道。其實，你大概會知道的。當你真誠地面對自己，你會知道哪一刻的你最舒服快樂自然，哪一刻是出於勉強。又當你肯放下身段，向別人展露你的不完美時，你的真正自己就開始出現，別人也願意跟你説，你是誰！

朋友，勇敢走一趟吧！

願上帝賜給你平安和勇氣。最後送你一篇禱文，叫〈寧靜的祈禱〉（The Serenity Prayer）：

神啊，求祢賜我寧靜的心，	God grant me the serenity
接受我所不能改變的事，	to accept the things I cannot change;
賜我勇氣，改變我所能改變；	courage to change the things I can;
賜我智慧，分辨兩者的差別。	And wisdom to know the difference.
珍惜當下每一天，	Living one day at a time;
享受當下每一刻，	Enjoying one moment at a time;
接納苦難是通往平安之路，	Accepting hardships as the pathway to peace;
接納世界就是如此敗壞，正如耶穌，	Taking, as He did, this sinful world as it is,
這並非我配得，	not as I would have it;
信靠祢成全、	Trusting that He will make all things right
降服祢旨意，	if I surrender to His Will;
我一生就必得享喜樂，	That I may be reasonably happy in this life
將來與祢一起，	and supremely happy with Him
享受永生的福樂，	Forever in the next.
阿們。	Amen.

雷茵霍爾德．尼布爾

(Reinhold Niebuhr, 1892-1971)

參考書目

Alfred Adler & Colin Brett (2009). *Understanding Life: An Introduction to the Psychology of Alfred Adler*. London: Oneworld Publications.

H. Malony Newton & David W. Augsburger (2007). *Christian Counseling: An Introduction*. Nashville, TN: Abingdon Press.

田立克（Paul Tillich）著，蔡伸章譯（1971）:《生之勇氣》（*The Courage to Be*）。台南：東南亞神學協會。

阿德勒（Alfred Adler）著，黃光國譯（1993）:《自卑與超越》（*What Life Should Mean to You*）。台北：志文出版社。

阿德勒（Alfred Adler）著，文韶華譯（2005）:《超越困境的十五堂心理課：關於困境，心理學大師阿德勒這麼説》（*Social Interest: A Challenge to Mankind*）。台北：人本自然文化。

張璞著（2005）:《如果自卑是毒，你自己就是解藥：你也可以用自卑情意結透視人性及超越困境》。台北：人本自然文化。

阿特伯恩（Stephen Arterburn）、費爾騰（Jack Felton）著，周慧芳譯（2006）:《走出迷霧：信仰的創傷、醫治與復原》（*Toxic Faith: Experiencing Healing from Painful Spiritual Abuse*）。台北：雅歌出版社。

貝利約翰（John Baillie）著，謝秉德、魏兆淇、劉開榮、張紹英譯（2007）:《私禱日新》（四版）（*A Diary of Private Prayer*）。香港：基督教文藝出版社。

楊瑞珠（Julia Yang）、艾倫・米勒林（Alan Milliren）、馬克・布雷根（Mark Blagen）著，蒙光俊、簡君倫、郭明仁譯（2010）:《勇氣心理學：阿德勒觀點的健康社會生活》*(The Psychology of Courage: An Adlerian Handbook for Healthy Social Living)*。台北：張老師文化。

伍詠光著（2010）:《卑情夠了》。香港：突破出版社。

蔡元雲著（2011）:《敢夢想飛 —— Young life 召命導航手冊》(增訂版)。香港：突破出版社。

布芮尼・布朗（Brené Brown）著，洪慧芳譯（2014）:《我已經夠好了：克服自卑！從「擔心別人怎麼想」，到「勇敢做自己」》*(I Thought It Was Just Me(but it isn't): Making the Journey: "What Will People Think?" to "I Am Enough")*。台北：馬可勃羅文化。

珍・圖溫吉（Jean M. Twenge）、基斯・坎貝爾（W. Keith Campbell）著，吳緯疆譯（2014）:《自戀時代：現代人，你為何這麼愛自己？》*(Narcissism Epidemic: Living in the Age of Entitlement)*。台北：八旗文化。

岸見一郎、古賀史健著，葉小燕譯（2014）:《被討厭的勇氣：自我啟發之父「阿德勒」的教導》。台北：究竟出版社。

心理與栽培系列最新書目

生活與輔導

書名	作者
無朋友，似乎也很好？	伍詠光
攰了，躺躺吧 —— 為超載心靈減重	伍詠光
愛，要勇敢 —— 戀愛的心理分析	伍詠光
怎可以一生一世	霍玉蓮
工作自主 —— 組合你的 SLASH 人生	黃岳永
做自己的生涯規劃師	張文彪
焦慮自療	湯國鈞、江嘉偉、陳佩珊
現實，我受夠了 —— 應對無力感的 6 個關鍵	伍詠光
當 10cm 遇上 3cm —— 癌病同行的心靈札記	霍玉蓮、蔡揚眉
情緒傷害的醫治	黃麗彰
誰偷走了我的快樂 —— 應對負面情緒自助手冊	湯國鈞、李靜慧、李智群
邊個想返工 —— 拆解職場新丁 49 道難題	伍詠光、林峰、馮文傑、萬樂人、廖燕萍
下流世代的上流生活	吳渭濱、區祥江
輔導小百科（增訂版）	區祥江
會哭才是真男人	曾立煌、區祥江
我要真關係 —— 在人際中解結與成長	區祥江
無朋友	周偉豪、廖暉清等
婚姻，你真的懂？	上官賢恩、蔡元雲等
情難捨 —— 為誰而愛，為何相分？	霍玉蓮
改寫未來的 9 種生存力	區祥江、周偉豪、區穎珩
工，唔係咁打！	伍詠光
情緒有益	李兆康、區祥江
幸福的實踐 —— 婚姻輔導解構	黃麗彰
化解婚姻中的 13 種危機	區祥江